PIA UND DAS GLÜCK
DAS BEGLEITBUCH

50 Fragen
an deinen inneren Kompass,
die dich glücklich machen

GABRIELE LIESENFELD

Inhalt

FÜR DICH!..2

DEIN SPIEL MIT DEN FRAGEN.....................................4

WIE FÜHLE ICH MICH?..6

KONZENTRIERE ICH MICH AUF DAS PROBLEM ODER AUF DIE LÖSUNG?...8

WO KOMMEN MEINE GEDANKEN HER? 10

DENKE ICH GEDANKEN ODER EMPFANGE ICH SIE? 12

BIN ICH IM WIDERSTAND ODER IN DER ERLAUBNIS?...14

KONTROLLIERE ICH ODER HABE ICH „AUFGEGEBEN"?...16

HABE ICH BEDINGUNGEN ODER BIN ICH BEDINGUNGSLOS?...18

LIEBE ICH ODER BRAUCHE ICH? 20

SPRECHE ICH ÜBER MEINE PROBLEME? 22

FREUE ICH MICH FÜR ANDERE? 24

SAGE ICH „JA!" ODER „JA, VIELLEICHT"?.................26

UNTER WESSEN EINFLUSS STEHE ICH? 28

LIEBE ICH MICH SELBST? 30

BIN ICH BEI MIR? 32

BIN ICH IN DER VERGANGENHEIT, IN DER ZUKUNFT ODER IM JETZT? 34

WAS WILL ICH NICHT? 36

WAS WILL ICH? 38

DENKE ICH DARAN, WAS ICH WILL? 40

HALTE ICH FEST ODER GEHE ICH VORWÄRTS? 42

BIN ICH ZUFRIEDEN MIT DEM WAS IST ODER SEIN WIRD?...44

WAS IST SCHÄTZENSWERT? 46

WILL ICH MICH OPTIMIEREN ODER WILL ICH GLÜCKLICH SEIN? 48

WILL ICH KLARHEIT? 50

STELLE ICH EINE FRAGE? 52

SUCHE ICH NACH BEWEISEN? 54

BIN ICH DANKBAR? 56

KANN ICH NEIN SAGEN? 58

BIN ICH FREUNDLICH ZU MIR SELBST? 60

WEM KANN ICH FREUNDLICHKEIT SCHENKEN? 62

WILL ICH DIE WAHRHEIT VERBREITEN? 64

WILL ICH FREI SEIN ODER WILL ICH RECHT HABEN? 66

KANN ICH KOMPLIMENTE EMPFANGEN? 68

WO LIEGT MEINE VERANTWORTUNG? 70

ACHTE ICH DARAUF, WAS ICH FÜHLE? 72

BIN ICH BEREIT? 74

VERGEBE ICH MIR? 76

INVESTIERE ICH MEINE ENERGIE? 78

WAS KANN ICH HEUTE LOSLASSEN? 80

BIN ICH GEDULDIG? 82

WER WILL ICH SEIN? 84

RECHTFERTIGE ICH MEINE BEGRENZUNGEN? 86

WEIß ICH, DASS HEUTE EIN NEUER TAG IST? 88

GLAUBE ICH WAS ICH SEHE ODER SEHE ICH WAS ICH GLAUBE? 90

VERURTEILE ICH NEGATIVE GEFÜHLE? 92

WARUM WILL ICH DAS? 94

BIST DU IN DEINER MITTE? 96

LÄSST DU DEINE MANIFESTATIONEN LOS? 98

BIN ICH IM WEG? 100

MAG ICH MEINE STOLPERSTEINE? 102

WAS WÜRDE MEIN WAHRES SELBST TUN? 104

DAS NEUE WOHLFÜHLBUCH: „HERR FRÜHLING FINDET SEIN HERZ" 107

Versuche nicht,
die Welt zu verändern.
Fühl dich gut,
damit veränderst du
deine Welt

Für dich!

Ich schätze, du hast „Pia und das Glück" gelesen und bist vertraut mit Pia, Petunia und Herkules. Mit der Stille in dir, den Gänseblümchen und vor allem mit dem geheimnisvollen inneren Kompass.

Solltest du „Pia und das Glück" nicht oder noch nicht gelesen haben, dann ist das gar nicht schlimm. Du kannst dieses Buch trotzdem genießen, benutzen und damit glücklich werden.

Ich habe es mit voller Absicht nicht Arbeitsbuch, sondern Begleitbuch genannt, denn ich möchte so gern, dass du das Spiel mit den Fragen nicht als Arbeit an dir betrachtest, sondern als Interaktion mit deinem inneren Kompass, die dich noch glücklicher macht.

Dein innerer Kompass ist so etwas wie dein Leitstern. Du könntest ihn auch als deine innere Stimme bezeichnen, mit der dein wahres Ich zu dir spricht. Dieses Ich, das genau weiß, wo du hin willst und wie du dahin kommst. Dieses Ich, das längst begriffen hat, dass der Sinn des Lebens darin besteht, so glücklich wie nur möglich zu sein und das dafür sorgt, dass du genau das wirst. Dieses Ich, das dich nie im Stich lässt und immer wieder zu dir spricht und niemals aufgibt.

Um diesen inneren Kompass – denn so nenne ich dieses Ich am liebsten – geht es hier. Dein innerer Kompass zeigt immer in Richtung Glück. Es lohnt sich also, ihm zu folgen. Dazu kannst du ihm Fragen stellen und dich getrost auf seine Antworten verlassen. Denn jede dieser Antworten kommt aus dem tiefen Wissen um den Sinn des Lebens: glücklich zu sein und damit deine wundervolle Realität zu erschaffen.
Petunia im Buch würde sagen, dass nichts wichtiger ist, als mit deinem inneren, wahren Selbst im Einklang zu sein. Damit beginnt alles. Egal, welches „Problem" du

hast ... komm erst wieder in Einklang mit dir selbst, werde friedlich und froh und zuversichtlich. Von da aus geh weiter.

Du findest hier 50 Fragen und Tipps, die dir dabei helfen. Diese 50 Kapitel sind nicht mehr und nicht weniger als eine Anleitung zum Glücklichsein. Zu jedem Glücklich-Tipp gebe ich dir eine Frage mit, die du deinem inneren Kompass stellen kannst. Mach dir am besten gleich Notizen – dafür hab ich ein wenig Platz gelassen – wenn du dir die Frage zum ersten Mal stellst. Ich empfehle dir, dir die Fragen nicht nur einmal zu stellen. Manche solltest du dir sogar täglich stellen, denn wir vergessen so oft, auf unsere innere Stimme zu hören, wenn die Stimmen im Außen so laut sind. Vielleicht legst du dir sogar ein schönes Notizbuch zu, in das du regelmäßig schreibst, wenn du dir die Fragen stellst. Es ist spannend, nach einiger Zeit nachzulesen, wie sich deine Einträge verändert haben.

Nach einer Weile wirst du erkennen, dass da sehr viel Vertrauen in dir ist. Vertrauen in dich, in die Welt und in deinen inneren Kompass. Dann macht alles plötzlich Sinn.

Vertrau deiner inneren Stimme und sei glücklich!

Dein Spiel mit den Fragen

Denk daran, dass du mit den Fragen in diesem Buch deinen inneren Kompass erreichen möchtest – also dein inneres Selbst, dein wahres Selbst, deine Intuition. Du möchtest im Einklang sein mit DIR. Statt hin und her gerissen zu sein zwischen „Was will ich" und „Was sollte ich".

Es geht also nicht so sehr um deinen logischen Verstand, sondern um ein Gefühl für das, was wahr ist für DICH.

Lass uns einfach die erste Frage als Beispiel nehmen. „Wie fühle ich mich?" Wenn ein Bekannter dir diese Frage stellt, wirst du wahrscheinlich automatisch „Danke, gut!" antworten. Aber das muss nicht unbedingt stimmen, nicht wahr?

Wenn du die Frage aber dir selbst stellst, dann musst du wohl ein wenig nachfühlen und nachdenken. Am besten machst du die Augen zu und stellst dir diese Frage, ohne die Antwort bereits zu kennen. Sei einfach neugierig, was dein innerer Kompass dazu sagt.

„Wie fühle ich mich? Wirklich gut? Oder ist da ein Unbehagen, eine Unsicherheit, eine Unklarheit? Wie fühle ich mich, wenn ich tatsächlich rundum glücklich bin und wann habe ich mich das letzte Mal so gefühlt?"

Und dann lausche auf die ehrliche Antwort, die du ganz sicher empfängst, wenn du in dich hinein hörst. Die Wahrheit fühlt sich immer gut an, selbst wenn die Wahrheit ist, dass du dich nicht ganz so super fühlst. Deine innere Stimme hat keine Ansicht darüber, ob eine Wahrheit gut oder schlecht ist. Es ist eben, wie es ist. Die Wahrheit verschafft dir immer ein Gefühl der Erleichterung, ein Aufatmen, ein Loslassen von etwas, an dem du festgehalten hast. Es ist, wie es ist und jetzt kannst du entscheiden, was du damit machen willst.

In diesem Beispiel wird der Wunsch aufsteigen, dich gut fühlen zu wollen, wenn du dich nicht so super fühlst. Und jetzt kannst du etwas dafür tun, damit du dich besser fühlst. So einfach ist das. So stellst du dir die 50 Fragen und empfängst die Antworten.

Ein wenig Platz für erste Notizen habe ich wie gesagt für dich nach jedem Kapitel hinterlassen. Aber ich lade dich dazu ein, dir ein ganz besonderes Notizbuch zuzulegen und es dir jeden Tag einmal vorzunehmen. Du kannst eine Frage nach der anderen beantworten, jeden Tag eine oder zwei oder du kannst dir irgendeine Frage aussuchen und in dich hinein hören. Die richtige Frage wird dich garantiert finden!

1 Wie fühle ich mich?

Fragst du dich manchmal, weshalb manchen Menschen einfach alles zu gelingen scheint, ohne dass sie eine Ahnung davon haben, weshalb das so ist? Sie haben noch nie von irgendwelchen universellen Gesetzen gehört, brauchen keine Psychologen und graben nicht in vergangenen Ursachen. Sie sind happy und reihen Erfolg an Erfolg – ob privat oder im Beruf. Wie machen die das bloß?

Diese Menschen haben wohl schon früh damit angefangen, sich gut fühlen zu wollen. Vielleicht haben sie sogar niemals damit aufgehört. Denn mit dem Wunsch, uns gut fühlen zu wollen, kommen wir auf die Welt. Wir vergessen nur, dass unser Wohlgefühl das Wichtigste ist. Oder vielmehr bringt man uns bei, dass Pflichten und Regeln und Verantwortung wichtiger sind und dass es bedeutendere Dinge gibt, als glücklich zu sein. Das ist nicht schlimm, denn so haben wir im Laufe unseres Lebens jede Menge Gelegenheit, uns wieder an unseren Wunsch zu erinnern. Immer dann, wenn es uns nicht gut geht, werden wir daran erinnert, dass wir glücklich sein möchten.

Warum ist es so wichtig, dass wir uns gut fühlen? Weil wir in einem glücklichen Zustand Dinge in unser Leben einladen, die unser Glück noch vermehren. Wenn wir in einem unglücklichen Zustand sind, dann ziehen wir mehr von dem Zeug an, das unser Unglück vermehrt.

Menschen, denen scheinbar alles gelingt, wollen sich wohl fühlen und sie achten unbewusst darauf, was sich gut anfühlt und was nicht. Sie ärgern sich weniger, weil sich das nicht gut anfühlt. Sie kämpfen und kritisieren weniger, weil sich das nicht gut anfühlt. Sie fühlen sich seltener schuldig, weil sich das nicht gut anfühlt.

Gute Laune fühlt sich gut an, Dankbarkeit fühlt sich gut an, Großzügigkeit fühlt sich gut an, freundliche Menschen fühlen sich gut an. Mit anderen Worten: diese Glückspilze folgen dem inneren Kompass, mit dem wir alle geboren sind.

Das ist es, wozu ich dich einlade: deinem inneren Wohlfühl-Kompass wieder zu folgen, deinen Fokus darauf zu richten, was sich gut anfühlt und was nicht.

Deswegen ist eine der wichtigsten Fragen, die du deinem inneren Kompass stellen kannst: Wie fühle ich mich? Diese Frage ist auch deswegen so wichtig, weil wir uns in unserem trubeligen Alltag meist nicht einmal bewusst sind, ob wir uns gut oder schlecht fühlen. Wenn wir aber etwas in unserem Leben verändern wollen, dann müssen wir darüber Bescheid wissen.

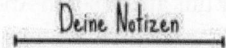

2 Konzentriere ich mich auf das Problem oder auf die Lösung?

Diese Frage ist wunderbar geeignet, wenn du nach der Lösung für ein Problem suchst. Sie passt aber auch dann, wenn du dich ärgerst oder traurig bist. Petunia in „Pia und das Glück" hat einmal gesagt: „Ich bin keine Problembewunderin".

Damit meint sie genau das, wohin dich diese Frage führen soll: zu der Erkenntnis, ob du deinen Fokus auf das Problem richtest oder auf die Lösung. Wenn wir uns auf das „Problem" konzentrieren, dann sehen wir all das, was nicht funktioniert. Wenn wir uns auf unseren Ärger konzentrieren, dann sehen wir all das Ärgerliche. Wenn wir uns auf unsere Traurigkeit konzentrieren, dann sehen wir all das Traurige. Wenn du dich meist oder oft so fühlst, dann ist das ein Zeichen dafür, dass du deine Aufmerksamkeit auf das „Problem" richtest, statt auf die Lösung!

Wenn du ein Problem hast, dann denke daran, wie es sich anfühlt, wenn es gelöst ist. Wenn du dich ärgerst, dann konzentriere dich auf die Dinge, die gut laufen. Wenn du traurig bist, dann richte deinen Fokus auf all das, was dich froh macht.

Erst wenn du einen Fokus neu ausrichtest, wird sich das Problem lösen, der Ärger verpuffen und die Traurigkeit verfliegen.

Warum? Weil Energie der Aufmerksamkeit folgt und du mehr von dem sehen wirst, worauf du dich fokussierst.

Im Prinzip ist es so, als würdest du dich abwenden von dem, was du nicht willst und dich dem zuwenden, was du willst. Deswegen werde dir bewusst, wohin dein Fokus gerichtet ist.

Das heißt nicht, dass du deine Probleme ignorieren oder verleugnen sollst. Aber du kannst aufhören, sie zum Mittelpunkt deiner Gedanken und Gefühle zu machen. Stattdessen konzentrierst du dich lieber auf die Dinge, die gut laufen und wirst so mehr von dem anziehen, was die Dinge zum Laufen bringt. Inklusive der Lösung deines Problems!

|———— Deine Notizen ————|

Wo kommen meine Gedanken her?

3 *FRAG DICH!*

Wir denken fast ununterbrochen, ohne es auch nur zu bemerken. Wir denken daran, was wir vorhaben und was wir getan haben. Was wir falsch oder richtig gemacht haben. Wie wir auf andere wirken. Was wir wollen und was wir nicht wollen. Was andere gesagt oder getan haben. Was wir gelesen, gehört und gesehen haben.

Meist kreisen unsere Gedanken um Negatives. Wir neigen nun einmal dazu, dem Unerwünschten mehr Beachtung zu schenken, weil es uns belastet.

Seltener denken wir an die schönen Dinge. Das, wofür wir dankbar sind. Das, worin wir gut sind. Das, was uns Freude gemacht hat. Das, was wir erreichen werden.

So wie wir denken, so fühlen wir. Wir fühlen uns gut, wenn wir schöne Gedanken haben und fühlen uns schlecht, wenn wir traurige, ängstliche, wütende Gedanken haben.

Das alles ist dir sicher bewusst, aber hast du schon einmal überlegt, woher all diese Gedanken kommen? Tausende von Gedanken schwirren in unseren Köpfen herum, die von irgendwoher flattern und bei uns landen. Sie stammen von den Stimmen im Außen. Von unseren Eltern, unseren Lehrern, unseren Freunden und von Menschen, die uns nicht wohlgesonnen waren. Sie stammen aus dem Internet, dem Fernsehen, der Werbung. Sie stammen aus Meinungen, Ansichten, Bewertungen, die irgendwer anderer hat und die wir uns zu eigen gemacht haben, ohne es zu bemerken. Wenn du etwa glaubst, du bist nicht gut genug. Woher kommt dieser Gedanke? Hast du das selbst beschlossen, oder glaubst du dem, was irgendwer zu dir oder über dich gesagt hat?

Die allermeisten Gedanken über dich und die Welt, die du so denkst, sind nicht deine eigenen Gedanken. Wenn du das erkennst, wirst du sie in Frage stellen und mit deinem inneren Kompass überprüfen wollen. Sei gespannt, was du dabei entdeckst!

---Deine Notizen---

4 Denke ich Gedanken oder empfange ich sie?

Das ist die nächste Frage, die du dir stellen kannst. Denkst du deine Gedanken oder empfängst du sie? Das mag auf den ersten Blick ein wenig merkwürdig klingen, aber es ist ein gewaltiger Unterschied, ob du einen Gedanken aus Gewohnheit denkst oder ob du ihn von deiner inneren Stimme empfängst.

Gedanken empfangen wir in der Stille. In der Gedankenstille. Und wir müssen uns erst in den Empfangsmodus begeben, damit uns ein echter, eigener Gedanke geschenkt werden kann. Du kennst das sicher: eines Morgens wachst du auf und hast die zündende Idee, die tiefe Erkenntnis, die Lösung, die eigentlich immer schon da war und die du nur nicht gesehen hast. Oder es geschieht dir unter der Dusche, beim Joggen, beim Anblick einer atemberaubenden Landschaft, die dich mit Entzücken erfüllt. In diesen Augenblicken warst du im Empfangsmodus, dein äußeres Gedankengeplapper hat Pause gemacht und du warst in der Lage, einen Gedanken zu empfangen, der direkt aus deinem Inneren kam.

Solche Gedanken haben die Eigenschaft, dass sie dir ein Gefühl der Erleichterung verschaffen, sie fühlen sich wahr und echt an und du zweifelst keine Sekunde an ihnen.

Das sind die Gedanken, die dazu beitragen, deine gewünschte Realität zu erschaffen, denn sie kommen direkt von deinem inneren Kompass, der immer in Richtung Glück zeigt.

Wie kommst du in den Empfangsmodus? Meditieren ist eine gute Empfehlung, vor allem wenn es dir gerade nicht gelingen mag, schöne Gedanken zu denken. Dann ist es besser, gar nicht zu denken und dich auf den tropfenden

Wasserhahn zu konzentrieren. Noch wunderbarer ist es, wenn du so viel Schönes wie möglich denkst und fühlst. Nichts bringt dich zuverlässiger in den Empfangsmodus.

|―――― Deine Notizen ――――|

5 Bin ich im Widerstand oder in der Erlaubnis?

Widerstand macht das Leben schwer. Den Widerstand loszulassen, macht das Leben leicht. Stell dir einen Fluss vor, in dem eine starke Strömung herrscht. Wenn du gegen die Strömung schwimmst, ist das anstrengend. Du kommst langsam ans Ziel und wirst bald erschöpft sein von deinem Kampf gegen das Wasser. Wenn du dich dagegen der Strömung anvertraust, fühlst du dich getragen und leicht. Du erreichst dein Ziel wesentlich schneller und müheloser. Wenn du dieses Bild auf die Dinge und Situationen in deinem Leben überträgst, gegen die du ankämpfst, gilt das gleiche Prinzip. Wenn du dich zum Beispiel über deinen Partner ärgerst, der dir nicht genügend Zeit widmet, dann möchtest du sein Verhalten verändern. Vielleicht machst du ihm immer wieder Vorwürfe, streitest mit ihm und sagst ihm, was du von ihm erwartest. Das ist Widerstand gegen eine Situation. Es ist mühsam, anstrengend und du bist in einem konstanten Zustand des Mangels: Es mangelt dir an der Aufmerksamkeit deines Partners. Du schwimmst also gegen den Strom.

Was würde dein innerer Kompass dir raten? Er würde dir raten, dir selbst Aufmerksamkeit zu schenken, dein Wohl im Auge zu haben, dir Gutes zu tun. Er würde dir raten, deinen Fokus auf all das Positive in deinem Leben und an deinem Partner zu richten und dich wohl zu fühlen. Er würde dir raten, nicht mehr zu kämpfen, sondern dein Leben zu genießen. Das bedeutet es, in Erlaubnis zu sein und mit dem Strom zu schwimmen.

Wenn du das tust, wird das Verhalten deines Partner sich entweder verändern oder du wirst ihn lieben, auch wenn er der alte bleibt. Oder du wirst die genau richtigen Worte finden, die auf fruchtbaren Boden fallen. Oder er wird aus deinem Leben verschwinden und jemand anderer wird auftauchen, der dein Glück vermehrt. Ob du im Widerstand oder in Erlaubnis bist, merkst du daran, ob du dich gut oder schlecht in Bezug auf eine bestimmte Situation fühlst.

―――――― Deine Notizen ――――――

6 Kontrolliere ich oder habe ich „aufgegeben"?

Wir würden so gern alles kontrollieren können. Stattdessen stellen wir immer wieder fest, dass es Dinge gibt, die außerhalb unserer Kontrolle liegen. Das Wetter, unsere Mitmenschen und so vieles andere, das uns „passiert". Dennoch bemühen wir uns so sehr, die Fäden in der Hand zu behalten. So lange, bis wir uns völlig erschöpft in all diesen Fäden verwickeln und endlich einsehen, dass wir eine unlösbare Aufgabe übernommen haben. Dann erst geben wir auf und lassen los.

Dabei könnten wir es so viel einfacher haben, wenn wir gar nicht erst versuchen würden, zu kontrollieren, was nicht kontrollierbar ist. Wir könnten uns darauf beschränken, das zu kontrollieren, was wir kontrollieren können. Unsere Gedanken zum Beispiel, unsere Gefühle und unsere Reaktionen auf all das, was uns geschieht.

Unsere innere Stimme weiß das längst, aber wir hören ihr nicht zu. Wir haben Angst, etwas zu verlieren, wenn wir die Kontrolle verlieren. Wir glauben, wenn wir uns nur genug anstrengen, dann können wir Unheil von uns und unseren Lieben abwenden, den Erfolg haben, den wir anstreben und uns endlich sicher fühlen.

Aber alles, was wir dadurch gewinnen, ist ein anstrengendes, mühsames Leben, in dem wir ständig auf der Hut sein müssen, all unsere Fäden nicht aus der Hand gleiten zu lassen.

Wenn wir dagegen „aufgeben" und uns auf das Schöne im Leben konzentrieren, verlieren wir all das „Üble", das wir unter Kontrolle halten wollten, aus den Augen. Aus den Augen, aus dem Sinn. Und plötzlich wirkt die Welt gar nicht mehr so problematisch! Plötzlich gibt es gar nicht mehr so viel, das wir kontrollieren möchten. Wir entdecken, dass das Leben uns auf eine sehr angenehme Art und Weise trägt, wenn wir „aufgeben": nämlich die Kontrolle über das, was nicht kontrollierbar ist.

―― Deine Notizen ――

7 Habe ich Bedingungen oder bin ich bedingungslos?

In so vielen Köpfen geistert der Begriff „bedingungslose Liebe" herum und ich möchte gar nicht wissen, wie viele Menschen daran verzweifeln. Wir sollen bedingungslos lieben und finden immer wieder das Haar in der Suppe. Und dann ärgern wir uns über uns selbst, dass das mit der bedingungslosen Liebe mal wieder nicht geklappt hat.

Deswegen möchte ich dich hier dazu einladen, die Sache mit der bedingungslosen Liebe unter einem anderen Blickwinkel zu sehen. Frag dich immer mal wieder, ob du Bedingungen am Start hast, von denen du glaubst, dass sie dich daran hindern, glücklich zu sein. Das könnte deine finanzielle Situation sein, eine Liebesbeziehung oder die Sehnsucht nach einer, deine Gesundheit oder dein Job.

Wenn du dich dabei ertappst, dass du denkst: „Wäre A oder B endlich so, wie ich es will, dann wäre ich glücklich." Wenn du das sagst, dann hast du Bedingungen an dein Glück geknüpft. Wärst du ohne Bedingungen, dann wärst du jetzt – in diesem Moment – in der Lage, glücklich zu sein. Dann wärst du sozusagen bedingungslos glücklich.

Du würdest deiner inneren Stimme vertrauen, die dir zuflüstert, dass Glück dein natürlicher Zustand ist und du würdest deinem inneren Kompass folgen, der dir den Weg dahin weist. Wenn du Bedingungen ins Spiel bringst, wartest du auf dein Glück und darauf, dass die Bedingungen sich ändern. Diese Bedingungen werden sich unweigerlich zum Positiven verändern, sobald du dein Glück im Visier hast und darauf achtest, dass du dich gut fühlst.

Genauso ist es mit der bedingungslosen Liebe. Sei dir einfach sicher, dass du eine Liebende oder ein Liebender bist. Darauf hat Petunia Pia in „Pia und das Glück" aufmerksam gemacht. Lieben ist deine Natur und wenn du keine Bedingungen hast, dann findest du immer etwas zum Lieben. Dich selbst, die Menschen und die ganze Welt.

―――― Deine Notizen ――――

8 Liebe ich oder brauche ich?

Es ist wunderbar, wenn du liebst. Wenn du liebst, bist du erfüllt von diesem wohligen, leichten Gefühl, das die Welt in goldenes Licht taucht. Es ist ein sehr angenehmer Zustand, eine herrliche Energie, die du ausstrahlst. Kein Wunder, dass du mit diesem Zustand mehr Dinge in dein Leben ziehst, die dein Leben noch schöner machen.

Wenn du dagegen glaubst, etwas oder jemanden zu brauchen, dann bist du in einem Zustand des Mangels. Du fürchtest, dass die Person oder das Ding, dass du so liebst, dir genommen werden könnte. Zu diesem Zustand lassen wir uns nur allzu schnell verleiten, wenn wir etwas oder jemanden zu brauchen meinen. Das ist sehr menschlich und sehr verständlich, denn schließlich sehen wir überall um uns herum, wie Beziehungen sich auflösen und Geld verloren geht. Wir empfinden die Bedrohung als sehr real und es fällt uns schwer, in unserem wohligen Liebeszustand zu bleiben, wenn wir erkennen, wie vergänglich alle Dinge sind.

Deswegen ist es so wichtig, die Quelle der Liebe in uns selbst zu entdecken. Diese Quelle ist unerschöpflich und wir können uns ihr jederzeit zuwenden. Wir müssen keine Angst haben, sie zu verlieren und niemand kann sie uns wegnehmen. Sie ist unabhängig von allen äußeren Umständen und wir würden nicht einmal auf die Idee kommen, sie zu „brauchen". Sie ist identisch mit unserem inneren Kern, mit unserem Kompass, der in Richtung Glück zeigt.

Wenn wir uns dieser Quelle bewusst sind, dann sind wir frei und unabhängig und „brauchen" nichts und niemanden als Objekt unserer Liebe. Wir lieben, sind Liebende und ziehen dadurch Menschen und Dinge in unser Leben, die unseren „Liebeszustand" bestärken.

Es ist wunderbar, Menschen und Dinge zu lieben, ohne sie zu brauchen. Mehr Freiheit kann ich mir nicht vorstellen – für uns selbst und für die, die wir lieben.

―――― Deine Notizen ――――

9 Spreche ich über meine Probleme?

Wir haben gelernt, dass es gesund und vernünftig ist, über unsere Probleme zu sprechen. Das ist es natürlich auch, wenn wir mit Menschen sprechen, die an der Lösung unserer Probleme interessiert sind. Solche Gespräche können nährend und hilfreich sein.

Aber frag dich, wie oft du außerhalb solcher Situationen über deine Probleme sprichst. Die meisten Menschen haben die Neigung, oft und vor allem über das zu sprechen, was nicht gut läuft. Das, was gut läuft, scheint nicht so interessant zu sein – weder für uns, noch für die, mit denen wir darüber reden. Viel spannender ist es anscheinend, zu klagen und sich zu beschweren und das ist ja eigentlich ganz logisch. Wir sind darauf programmiert, unseren Fokus auf das zu richten, was nicht in Ordnung ist, weil wir es in Ordnung bringen wollen. Und so drehen sich die meisten unserer Unterhaltungen mit Freunden, mit der Familie, mit Kollegen und Partnern um unsere Schwierigkeiten.

Ich lade dich dazu ein, weniger über das zu sprechen, was schlecht läuft und mehr darüber, was richtig gut läuft. Oder deine „Baustellen" gar nicht mehr zu erwähnen, wenn es nicht nötig ist.

Das bedeutet nicht, dass du deine Mitmenschen anlügen sollst. Wenn du finanzielle Probleme hast, musst du nicht behaupten, dass es dir blendend geht. Aber du könntest eher davon sprechen, worauf du dich freust, sobald das Geld wieder da ist, statt darüber, was du dir alles nicht leisten kannst, weil kein Geld da ist. Auch hier geht es wieder darum, deine Aufmerksamkeit auf das Positive zu richten, damit du zum Magneten für mehr Positives wirst.

Wenn du dich immer wieder mit den negativen Aspekten

deines Lebens befasst und darüber sprichst, dann wirst du zum Magneten für mehr Negatives. Das Universum bewertet nicht, sondern sorgt dafür, dass seine Lieferungen zur Energie des Empfängers passen. Also sei die Energie, die du empfangen willst und überprüfe täglich, was du zum Mittelpunkt deiner Konversationen machst. Dann wirst du mit der Lieferung zufrieden sein.

Deine Notizen

Freue ich mich für andere?

Dein innerer Kompass zeigt aufs Glück und deswegen würde er diese Frage mit einem lauten „Ja, na klar!" beantworten. Freue ich mich für andere? Wenn ich mir dieses Frage stelle, muss ich zu meiner Schande gestehen, dass ich noch viel zu oft mit: „Kommt drauf an" antworte. Natürlich freue ich mich für meine Lieben, wenn sie Erfolg haben und genauso kann ich mich für all die Menschen freuen, denen etwas Tolles passiert, auch wenn ich sie nicht kenne. Dann gibt es aber auch immer wieder Zeitgenossen, da muss ich erst mal schlucken, wenn sie Erfolg haben (ich arbeite dran).

Dabei weiß ich ganz genau, wie wichtig es ist, meinen fröhlichen, zufriedenen Zustand zu bewahren und das zu empfangen, was ich möchte. Gut, dass solch eine ehrliche Überprüfung meiner Missgunst immer nur zu einem Ergebnis führt: So will ich mich nicht fühlen! Sobald ich das erkannt habe, kann ich aus meiner Missgunst raus und in mein Wohlwollen rein.

Sich nicht für andere zu freuen, schadet niemandem außer uns selbst. Denn letztendlich wollen wir uns gut fühlen. Niemand fühlt sich gern schlecht, unser ganzes Wesen strebt danach, sich gut zu fühlen. Und wenn wir uns gut fühlen, dann sind wir dankbar, zufrieden, voller Zuversicht und ziehen unweigerlich die Dinge, Menschen und Situationen an, die zu unserem feinen Zustand passen. Also freue dich so oft wie möglich. Für dich, für andere, für die ganze Welt.

Wenn du Missgunst, Eifersucht, Neid, Gier oder sonst eine Emotion fühlst, die nicht zu dem passt, was du fühlen willst, dann richte deine Aufmerksamkeit auf deinen Wunsch, dich gut zu fühlen. Und freue dich über jeden Erfolg, über jedes Glück deiner Mitmenschen.

Denk daran, dass es immer nur um DEINE Energie geht, um das, was DU in die Welt hinaus sendest. Wenn du anderen erlaubst, dich traurig oder neidisch zu machen, dann fühlst DU dich weniger wohl. Und wenn du sehr lange in einem traurigen oder neidischen Zustand bist, dann wirst du alles Mögliche erleben, das dich noch trauriger und neidischer macht. Sei also egoistisch und freue dich für die anderen!

―――― Deine Notizen ――――

11 Sage ich „Ja!" oder „Ja, vielleicht"?

Manchmal weiß man es einfach. Kennst du das? Du siehst einen Mantel, ein Buch, einen Kurs, ein Jobangebot, einen Hund im Tierheim oder eine Wohnung und du sagst: „JA!" Du weißt, dass es genau richtig ist für dich. Dein Ja kommt aus vollem Herzen, ohne Wenn und Aber. Du zweifelst keine Sekunde, du greifst zu.

Dann wieder gibt es Entscheidungen, über die du lange nachdenkst. Und dann – nach vielen Überlegungen und dem Abwägen des Für und Wider – weißt du es ebenfalls. Dein Ja kommt mit großer Bestimmtheit und du tust, was für dich in diesem Moment das Richtige ist.

So ein Ja ist einfach herrlich. Es verschafft Erleichterung und Zufriedenheit. Es fühlt sich an wie ein tiefes Aufatmen, so als wüsstest du ganz genau, dass du auf deinem Weg bist und nichts dich mehr aufhalten kann.

Dann gibt es dieses zögerliche Ja, das aus dem Gefühl heraus kommt, du solltest dich jetzt endlich entscheiden, obwohl du dich noch nicht wirklich entscheiden kannst. Das meine ich mit „Ja, vielleicht". Ein „Ja, vielleicht" muss nichts Schlechtes sein. Es kann dich letztendlich zu dem führen, was du willst, aber es fühlt sich lange nicht so gut an wie das „Ja!".

Ich möchte dich einfach dazu einladen, dich nicht drängen oder verunsichern zu lassen. Wenn du eine Entscheidung treffen willst, dann solltest du das nicht von äußeren Faktoren abhängig machen. Es ist egal, was andere von dir erwarten, oder was „man" tun sollte. Dein innerer Kompass ist es wert, beachtet zu werden und er zeigt dir mit einem Ja aus vollem Herzen, dass die Entscheidung eine gute ist.

Natürlich gibt es Wahlen, die schnell getroffen werden müssen – zumindest kannst du das so empfinden. Dann mach dir keine Sorgen, dass du die falsche Wahl treffen könntest. Jede Wahl führt wieder zu einer anderen Wahl und in der Rückschau wirst du feststellen, dass alles genau richtig gewesen ist.

Deine Notizen

12 Unter wessen Einfluss stehe ich?

Es wäre eine Illusion zu glauben, dass wir jemals völlig unbeeinflusst sind. Die Frage ist nur, unter wessen Einfluss wir stehen. Stehen wir unter dem Einfluss anderer oder unter unserem eigenen? Wer hat das Steuer in der Hand? Wenn du dir diese Frage stellst und aufmerksam auf die Antwort achtest, dann wirst du überrascht sein, unter wie vielen fremden Einflüssen du stehst und wie selten du aus deinem wahren Selbst heraus handelst.

Du erinnerst dich? Dein wahres Selbst ist dein inneres Wesen, dein Kern, dein Kompass – im Buch hat Petunia es für Pia „Gänseblümchen-Pia" genannt. Dein Gänseblümchen-Selbst ist von dem Wunsch geführt, sich gut fühlen zu wollen. Deswegen verliert es sich nicht in Bewertungen, Anschuldigungen, Vorwürfen oder Klagen. Es sorgt einfach nur dafür, dass du happy bist, wenn du dich seiner Führung anvertraust – wenn du unter seinem Einfluss stehst.

Meist stehen wir alle unter dem Einfluss der Stimmen in unserem Kopf. Diese Stimmen können von Menschen kommen, die lange schon nicht mehr in unserem Leben sind, uns aber geprägt haben. Du weißt schon, Eltern, Lehrer und andere Respektspersonen. Oder sie kommen von Menschen in unserem aktuellen Leben, denen wir es recht machen wollen, denen wir gefallen wollen, deren Meinung über uns selbst uns wichtig ist. Oder es sind die besonders lauten Stimmen von Menschen, die wir in den Nachrichten oder in der Werbung hören. Sie alle haben ihre eigene Agenda und wir haben oft das Bedürfnis, für oder gegen sie zu sein.

Unser Gänseblümchen-Selbst hat das nicht. Sein einziges Bestreben ist es, sich wohlzufühlen und sein Glück zu verfolgen. Es weiß, dass das wichtig ist – für dich und für alle anderen.

Wenn du diese Frage also stellst, achte darauf, ob du auf die Stimmen in deinem Kopf oder auf die Stimme deines inneren Kompasses hörst. Wenn du auf die fremden Stimmen hörst, fühlst du dich meist belastet, schwer, mühevoll. Wenn du auf deine innere Stimme hörst, dann spürst du Leichtigkeit und weißt, dass sie die Wahrheit spricht.

―― Deine Notizen ――

13 Liebe ich mich selbst?

Ringst du um Selbstliebe? Das ist ein Thema, das viele Menschen umtreibt. Wir haben immer wieder gehört, dass wir uns selbst lieben sollen. Es gibt unzählige Bücher darüber und ebenso viele Kurse, in denen man Selbstliebe lernen soll. Irgendwie sind wir zu der Auffassung gekommen, dass die Selbstliebe schwer zu erreichen ist und dass wir an ihr arbeiten müssen. Wenn wir uns dann endlich selbst zu lieben gelernt haben, dann angeblich, können wir den Partner finden, den wir wollen, den Job, das Geld, einfach alles, was wir uns zuvor nicht gegönnt haben.

Da ist viel Wahres dran und dennoch geht das Ganze ein wenig am Thema vorbei. Eigentlich nämlich ist es ganz einfach, sich selbst zu lieben. Wir müssen nur lieben! Tiere, Menschen, Dinge, Situationen – irgendetwas liebenswertes gibt es immer. Sobald du liebst, liebst du dich selbst, denn Liebe bewertet nicht und schließt nichts und niemanden aus. Also auch dich nicht. Wenn du liebst, spürst du dieses wunderbare Gefühl im ganzen Körper und bist zufrieden und froh.

Wie könnte neben diesem Gefühl ein anderes gleichzeitig bestehen? Du kannst nicht gleichzeitig lieben und nicht lieben. Wenn du „in der Liebe" bist, kannst du nicht zur selben Zeit etwas oder jemanden nicht mögen. So einfach ist es. Liebe irgendetwas oder irgendjemanden und schon liebst du dich selbst mit. Liebe das, was du tust, liebe das, was du siehst, schau dich um nach Dingen, die du lieben kannst. Wenn du liebst, bist du selbst in dieser Liebe inkludiert.

Wenn du dir also diese Frage stellst, dann findest du die Antwort, wenn du liebst. Tauche ein in dieses Gefühl von Liebe, stell dir deinen Partner, dein Kind, deine Katze vor – was immer dich mit diesem Gefühl erfüllt und lass es sich in dir ausbreiten.

So liebst du dich selbst, indem du liebst.

Deine Notizen

Bin ich bei mir?

Unsere Gedanken sind wie Schmetterlinge. Sie schwirren hin und her und landen mal hier, mal dort. Diese Schmetterlinge sind bunt und vielfältig und kommen von überall her. Ähnlich ist es mit unseren Wünschen. Ununterbrochen steigen Wünsche in uns auf, meist ohne, dass wir es bemerken. Unsere Gedanken produzieren sie.

Wenn du dir zum Beispiel wünschst, dass deine Haare perfekt sitzen, dann kann dieser Wunsch aus den unterschiedlichsten Gedanken geboren worden sein. Vielleicht hast du ein Model mit perfekten Haaren bewundert und gedacht, dass erfolgreiche Menschen perfekte Haare haben müssen. Oder du bist in deinem Job von Menschen umgeben, deren Haare perfekt sind und du denkst, du müsstest ebenso perfekte Haare haben, um dazuzugehören. Oder du willst für eine Party besonders gut aussehen und denkst, dass die Menschen dort dich eher in ihren Kreis aufnehmen, wenn deine Haare perfekt sitzen.

Wenn solche Gedanken hinter deinen Wünschen sitzen, dann bist du nicht „bei dir." Du bist bei den anderen, in ihren Köpfen, in den Gedanken, von denen du denkst, dass die anderen sie denken.

Wenn du etwas tust oder sagst, von dem du glaubst, dass andere es schätzen werden, bist du nicht bei dir. Du bist bei den anderen.

Das muss nichts Schlimmes sein. Wir sagen oder tun oft Dinge, um anderen einen Gefallen zu tun oder um in einem guten Licht zu erscheinen. Ärgerlich wird es nur, wenn wir es nicht bemerken und stattdessen glauben, dass wir unseren eigenen Wünschen folgen. Dann macht sich ein komisches Gefühl in uns breit, eine Unzufriedenheit, die wir nur schwer benennen können. Wir wissen nur, dass irgendetwas nicht stimmt. Deswegen frage dich immer wieder mal: „Bin ich bei mir?", wenn du etwas sagst oder tust oder entscheidest, das dich nicht wirklich froh macht. Wenn du bemerkst, dass du nicht bei dir bist, dann kannst du es dennoch tun. Hauptsache, du weißt, warum du etwas tust und dass du es mit Überzeugung und gutem Gefühl tust.

Deine Notizen
|---------------------------|

Bin ich in der Vergangenheit, in der Zukunft oder im Jetzt?

Diese Frage passt hervorragend, wenn du traurig, besorgt oder ärgerlich bist. Wenn du solche Emotionen hast, dann bist du immer in der Vergangenheit oder in der Zukunft. Natürlich fühlen sich diese Emotionen an, als wäre das Jetzt die Ursache, aber tatsächlich liegt der Ursprung in der Vergangenheit oder in der Zukunft.

Wenn du traurig bist, dann wegen etwas, das bereits geschehen ist: also in der Vergangenheit.

Wenn du besorgt bist, dann wegen etwas, das erst geschehen könnte oder wird: also in der Zukunft.

In der Gegenwart, in diesem einzigen Moment, ist alles in Ordnung.

Würdest du einen Moment an den anderen reihen können, wäre immer alles gut.

Dein innerer Kompass weiß das genau. Deswegen kennt er nichts anderes als Glück und weist dich immer wieder darauf hin.

Die Frage „Bin ich in der Vergangenheit, in der Zukunft oder im Jetzt?" weist dich also immer wieder darauf hin, in der Gegenwart zu sein. Das fühlt sich wesentlich besser an, als über die „Fehler" der Vergangenheit zu grübeln oder dir Sorgen um die Zukunft zu machen. Wenn du in der Sorge, im Ärger, in der Traurigkeit, in der Schuld hängen bleibst, dann mach dir bewusst, dass du einfach nur in die Gegenwart zurückkehren musst, statt in der Vergangenheit oder in der Zukunft herumzuschwirren.

Fühlen kannst du ohnehin nur im Jetzt, du kannst nicht in der Vergangenheit oder in der Zukunft fühlen. Und über deine Gefühle kannst du entscheiden. Denk also andere Gedanken, fühle andere Emotionen im Jetzt und lass die Vergangenheit ruhen und die Zukunft sich entfalten.

Deine Notizen

Was will ich nicht?

16 Diese Frage lohnt sich wirklich sehr, damit du dir bewusst machen kannst, was du verändern möchtest. Es gibt so viele Dinge, die wir als unangenehm empfinden und jedes Mal, wenn wir eines dieser Dinge bemerken, können wir dankbar dafür sein.

Stell dir vor, jemand ist unhöflich zu dir. Das fühlt sich nicht gut an und in diesem Moment kann dir zweierlei bewusst werden: Du entdeckst, dass du nicht unhöflich behandelt werden möchtest und du entdeckst, dass du kein unhöflicher Mensch sein möchtest, weil du niemandem dieses unangenehme Gefühl verschaffen willst, das du gerade erfährst.

Dieses unangenehme Gefühl ist dein Indikator dafür, dass du etwas nicht willst. Unhöflich behandelt zu werden fühlt sich nicht gut an und deswegen weißt du, dass du das nicht willst. Das klingt vielleicht banal und selbstverständlich in deinen Ohren, aber das ist es nicht. Die meisten Menschen ertragen ihre unangenehmen Gefühle so lange, bis sie ihnen so vertraut werden, dass sie sie nicht einmal mehr bemerken. Dann verbringen sie den Großteil ihres Lebens damit, sich nicht wohl zu fühlen und es fällt ihnen nicht einmal auf. Das unangenehme Gefühl ist zu einem festen Bestandteil ihres Daseins geworden.

Deswegen frag dich bewusst, was du nicht willst. Lass deinen Tag am Abend Revue passieren und bemerke, was sich nicht gut angefühlt hat. Entdecke, was du nicht willst, denn nur so weißt du, was du verändern möchtest.

Diese Frage zu stellen, hat noch einen weiteren Vorteil. Wenn du weißt, was du nicht willst, dann weißt du auch, was du willst. Das Gegenteil dessen nämlich, was du nicht willst. Wenn Unhöflichkeit sich schlecht anfühlst, dann weißt du, dass du dir höfliche Menschen in deinem Leben wünschst.

Deine Notizen

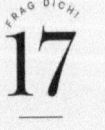

Was will ich?

Die Frage nach dem, was du nicht willst, führt dich direkt zu der Frage „Was will ich?". Dieser Umweg hilft uns oft dabei, unsere Wünsche zu erkennen, aber manchmal ist dieser Umweg gar nicht nötig.

Wünsche steigen in uns auf, wenn wir das zulassen und wir können ihnen den Raum geben, sich auszubreiten. Oft tun wir das aus den unterschiedlichsten Gründen nicht. Vielleicht glauben wir, dass ein bestimmter Wunsch sich ohnehin nicht erfüllen wird oder wir denken, dass wir dankbar sein sollten für das, was wir haben. Wir könnten gelernt haben, dass wir anderen etwas wegnehmen, wenn wir etwas bekommen oder wir glauben, dass wir nicht allzu glücklich sein sollten, damit wir nicht vom Schicksal bestraft werden.

Es gibt jede Menge Schlussfolgerungen, die uns davon abhalten können, das zu empfangen, was wir uns wünschen.

Mit dieser Frage möchte ich dich dazu einladen, deine Wünsche frei aufsteigen zu lassen, ohne sie zu begrenzen. Wenn du dir zum Beispiel Geld wünschst und du bemerkst, dass du diesen Wunsch anzweifelst – weil du nicht weißt, woher es kommen soll, weil du glaubst, Geld zu haben macht dich zu einem schlechten Menschen, weil du glaubst, du bist es nicht wert, viel Geld zu haben und was auch immer da auftauchen könnte – dann lass diese Gedanken einfach vorüberziehen und gib dem Wunsch Raum.

Du gibst dem Wunsch Raum, indem du alle störenden Gedanken beiseite lässt und dich auf das Gefühl konzentrierst: das Gefühl, das dir finanzielle Freiheit verschaffen würde. Betrachte deinen Wunsch als bereits erfüllt und tauche in die Freude ein, die dir diese Gewissheit verschafft.

Auf diese Weise trittst du aus dem Zweifel heraus und begibst dich in das Gefühl des erfüllten Wunsches. Dieses Gefühl versetzt dich in den „Empfangsmodus" und wenn du darin bist, kannst du die Lieferungen des Universums mit Leichtigkeit annehmen.

|──── Deine Notizen ────|

18 Denke ich daran, was ich will?

Diese Frage passt sehr gut zu den beiden vorangegangenen Fragen. Die wenigsten Menschen richten ihren Fokus auf das, was sie wollen. Aber wenn du Biographien von erfolgreichen Leuten gelesen hast, dann weißt du, dass der Fokus entscheidend ist. Keiner von denen betont, dass er sein Ziel ignoriert hat. Alle sprechen davon, wie beständig sie ihr Ziel im Visier hatten. Worauf du deine Aufmerksamkeit richtest, das machst du groß.

Wenn du also etwas willst, dann achte darauf, dass du deinen Fokus auf diesen Wunsch konzentrierst. Mit der Frage: „Denke ich daran, was ich will?", machst du dich darauf aufmerksam, dass es um dich und deine Ziele geht.

Viele Menschen denken die meiste Zeit darüber nach, was andere von ihnen wollen könnten. Sie bemühen sich, die Erwartungen ihrer Partner, Kinder, Eltern, Freunde, Kollegen zu erfüllen und richten ihre Aufmerksamkeit auf deren Bedürfnisse. Die Gründe sind vielfältig. Wir wollen geliebt und anerkannt werden, wir wollen alles „richtig" machen, wir wollen dafür sorgen, dass es anderen gut geht. Das sind alles Motive, die gut für dich sein können oder eben weniger gut, aber sie bewirken auf jeden Fall, dass du deinen Fokus verlierst.

Denke weniger daran, was andere von dir wollen könnten, sondern denke viel häufiger daran, was DU willst. Es geht um dich und dein Wohlbefinden, um dich und dein Glück, um dich und deine Ziele.

Das bedeutet nicht, dass du andere nicht unterstützen darfst. Es bedeutet nur, dass du dich selbst unterstützt. Du bist nicht egoistisch, wenn du deinen Fokus auf dein Wohlbefinden richtest. Du bist ein leuchtendes Beispiel für deine Familie, deine Freunde, Kollegen und Nachbarn, wenn du das tust.

Verliere dich nicht aus den Augen, sondern denk daran, was du willst!

―――― Deine Notizen ――――

19 Halte ich fest oder gehe ich vorwärts?

Das ist sicher keine Frage, die du dir täglich stellen musst. Es ist eher eine von diesen Fragen, mit denen du Bilanz ziehst oder die du stellst, wenn du vor einer Entscheidung stehst.

Wenn du etwa überlegst, ob du umziehen sollst oder wenn du dich entscheiden musst, ob du eine Beziehung beendest oder nicht oder wenn ein Jobwechsel ansteht. Dann kannst du mit dieser Frage spielen und deinen inneren Kompass um Rat fragen.

Es ist menschlich, an vertrauten Dingen festzuhalten, selbst wenn wir nicht recht glücklich damit sind. Gewohntes fühlt sich sicher an, wir haben uns mit den Umständen arrangiert und wissen, mit der Situation umzugehen.

Neues kann sich unsicher anfühlen, wir betreten Neuland, wissen nicht, was uns erwartet. Deswegen halten wir oft an Vertrautem fest, auch wenn wir uns damit nicht oder nicht mehr wohlfühlen.

In solchen Situationen kann es schwer sein, auf die innere Stimme zu vertrauen oder sie überhaupt zu hören.

Deswegen setz dich gemütlich hin, schließe die Augen und stell deinem inneren Kompass diese Frage. Achte auf die Gedanken, die du dabei denkst. Sind sie ängstlich oder zweifelnd? Wütend oder traurig? Zuversichtlich oder hoffnungsfroh? Du musst nicht sofort eine Entscheidung treffen, lass die Gedanken und die Gefühle wirken, die aufsteigen. Warte, bis du weißt, ob du zögerst, weil du das Neue als bedrohlich betrachtest oder ob du zögerst, weil das Alte Sicherheit verspricht.

Wenn du dir über deine Motive klar bist, dann begib dich so oft wie möglich in deinen Wohlfühlzustand und warte, bis du wirklich weißt, was du willst.

Alles im Leben ist in stetiger Entwicklung. Wir sind es auch und Stillstand bedeutet manchmal nichts anderes als Festhalten an Vertrautem.

―――― Deine Notizen ――――

20 Bin ich zufrieden mit dem was ist oder sein wird?

Diese Frage mag dir auf den ersten Blick ein wenig merkwürdig vorkommen. Schließlich weißt du, dass es auf deine Energie ankommt, wenn es um deine Wunscherfüllung geht. Wenn du zufrieden und glücklich bist, ziehst du mehr von dem an, was dich zufrieden und glücklich macht.

Dennoch macht es einen riesigen Unterschied für deine Manifestationen, ob du glücklich bist mit dem, was ist oder mit dem, was sein wird.

Es ist wie bei einer Schwangerschaft. Das Baby ist in deinem Bauch, aber noch nicht auf der Welt. Worüber bist du glücklich? Darüber, dass dein Baby in deinem Bauch ist oder darüber, dass es bald auf der Welt sein wird? Du wärst nicht besonders glücklich darüber, das Baby ewig in deinem Bauch herumtragen zu müssen, sondern du freust dich auf den Moment, in dem du es endlich in deinen Armen halten wirst. Du fühlst bereits dieses wunderbare Gefühl, wenn du es mit eigenen Augen siehst und an deinem Herzen spürst.

Du bist also happy mit dem, was sein wird.

Genauso ist das mit all deinen anderen Kreationen, die deine Realität gestalten. Natürlich bist du dankbar für das, was ist, aber du freust dich auf das, was sein wird, weil du darauf vertraust, glaubst und weißt, dass deine Wünsche sich erfüllen.

Vertrauen, Glauben und Wissen – wenn du diese Energie in Bezug auf deine Wünsche bist, dann müssen sie sich erfüllen. Du zeigst dem Universum damit, dass du deine Wünsche anerkennst und voller Vertrauen in ihre Verwirklichung bist. Dann kann nichts die Lieferung aufhalten.

Wenn du also deinen inneren Kompass fragst, ob du zufrieden bist mit dem, was ist oder mit dem, was sein wird und die Antwort vernimmst, dann wirst du entdecken, ob du vertraust oder zweifelst.

Und denk daran: du darfst dankbar für deine Realität sein, aber du musst dich nicht mit ihr bescheiden oder zufrieden geben. Alles darf immer noch besser und besser werden.

―――― Deine Notizen ――――

21 Was ist schätzenswert?

An manchen Tagen, wenn der Ärger und die Unzufriedenheit überwiegen, hilft diese Frage. Meiner Meinung nach findet sich bei jedem Umstand, in jeder Situation und in jedem Ding etwas Schätzenswertes. Auch wenn es auf den ersten, zweiten oder auch dritten Blick nicht so aussehen mag.

Sogar etwas, das du als furchtbar empfindest, bietet dir die Gelegenheit zu erkennen, was du nicht willst und verschafft dir so die Möglichkeit, etwas über dich zu lernen. Es gibt nichts, was nicht in irgendeiner Hinsicht schätzenswert ist.

Stell dir vor, du ärgerst dich über das Internet. Du ertappst dich bei Gedanken wie: „So viel Unsinn wird da verbreitet! Wie viel Zeit verschwenden die Leute auf den sozialen Plattformen! Niemanden erreicht man mehr telefonisch, überall antworten einem diese blöden Bots!" Je mehr du darüber nachdenkst, desto schlechter gelaunt wirst du. Ein Zustand, der sich nicht gut anfühlt. Wie viel besser aber würde es sich anfühlen, wenn du das Internet nicht negativ bewerten würdest, sondern wenn du es schätzen könntest! Ruf dir all die guten Dinge in Erinnerung, die das Internet dir beschert hat. Erinnere dich an deine letzte Suchanfrage und wie du dich gefreut hast, als du deinem Kind etwas erklären konntest, das du selbst nicht wusstest. Denk an die dicken Telefonbücher, die die Menschen früher wälzen mussten, wenn sie eine Nummer herausfinden wollten. Denk daran, wie angenehm es ist, dass dir dein GPS sagt, welche Route du nehmen musst. Freue dich über die Menschen, die weit weg wohnen und mit denen du auf den sozialen Medien einen so schönen Kontakt hast. Erinnere dich daran, wie schnell du im Internet das passende Buch gefunden hast, dass du deiner Mutter geschenkt hast.

Wenn du das tust, richtest du deinen Fokus auf die positiven Aspekte und lenkst dich von den negativen ab. Deine Laune steigt und du fühlst dich wieder gut.

Dein innerer Kompass ist zufrieden, denn du weißt ja: er will dafür sorgen, dass du dich wohl fühlst und ist immer auf dein Glück ausgerichtet.

Deine Notizen

22 Will ich mich optimieren oder will ich glücklich sein?

Dein innerer Kompass kennt die Antwort auf diese Frage ganz genau. Der Unterschied zwischen Selbstoptimierung und dem Streben nach Glück ist etwas, worauf dein wahres Selbst sehr sensibel reagiert.

Wenn wir versuchen, immer besser zu werden – dann gehen wir meist von der Annahme aus, dass wir nicht gut genug sind. Wenn wir glauben, wir sind nicht gut genug, dann zweifeln wir an uns, haben Angst, dass andere bemerken, dass mit uns etwas nicht stimmt oder fürchten, zu versagen. Das verschafft uns kein gutes Gefühl, wir hängen fest im Mangel und ziehen immer wieder Beweise dafür in unser Leben, dass wir nicht gut genug sind.

Das bedeutet nicht, dass wir nicht üben sollten, wenn wir gute Klavierspieler werden wollen. Oder dass wir uns nicht weiterbilden sollten, wenn wir einen besseren Job wollen. Oder dass wir nicht abnehmen sollten, wenn wir schlanker werden möchten.

Wenn wir nach Glück streben, dann ist unser Fokus darauf gerichtet, uns gut fühlen zu wollen. Wir wissen, dass es so viel mehr gibt, das da auf uns wartet und dass wir es in der Hand haben, unser Leben nach unserem Geschmack zu gestalten.

Wir verurteilen uns nicht dafür, so zu sein, wie wir sind oder an dem Punkt zu stehen, an dem wir stehen. Wir freuen uns auf den nächsten Schritt in unserer Entwicklung und in unserem Leben.

Du siehst, es gibt einen großen Unterschied zwischen dem Drang nach Selbstoptimierung und dem Streben nach Glück. Wenn du dich wohlfühlen willst und abnehmen möchtest, dann verurteilst du dich nicht dafür, dass du deiner Ansicht nach zu dick bist. Du möchtest dich einfach nur noch wohler fühlen und deine Intuition sagt dir, dass dir das einfacher gelingt, wenn du ein paar Kilo weniger wiegst. Dann nimmst du nicht ab, um „besser" zu werden, sondern weil es zu deinem Glück beiträgt. Und das Abnehmen wird dir leicht fallen!

Deine Notizen

Will ich Klarheit?

23

Jeder will doch Klarheit, oder? Nein, eher nicht. Die meisten Menschen wollen nur immer wieder bestätigt wissen, dass sie recht haben oder im Recht sind.

Klarheit ist ein zweischneidiges Schwert und du musst entscheiden, ob du dieses Schwert führen willst.

Wenn du dich für Klarheit entscheidest, dann kann das manchmal weh tun. Du wirst entdecken, wenn du dich selbst belügst oder wenn andere dir nicht wohlgesonnen sind. Du wirst Herausforderungen gegenüberstehen, die dich von deinem bequemen Sofa vertreiben und du wirst loslassen, was dir nicht gut tut.

Wenn du diese Frage deinem inneren Kompass stellst, dann sei dir nicht böse, wenn du dir die Ohren zuhältst und lieber nicht weiter fragst. Dein innerer Kompass kennt nur Klarheit und manchmal bist du noch nicht bereit dafür. Dann frag ein anderes Mal nach.

Wenn du dich aber für Klarheit entscheidest, dann wirst du entdecken, dass dein Leben leichter wird. Die rosa Wolken werden verschwinden und auch die dicke Nebelsuppe. Das Licht deiner Klarheit durchdringt alles und es lebt sich gut in diesem Licht. Du siehst besser und wirst besser gesehen. Alles findet dich, was deinem Glück beiträgt, weil du mit offenen Augen und offenem Herzen durch die Welt gehst und siehst, wo das Glück ist.

Du wirst dich nicht mehr verurteilen, weil du deine Motive erkennst und wirst mutig weiter gehen. Du wirst auch andere nicht mehr verurteilen, weil du begreifst, dass sie Menschen sind, die Fehler machen können.

Du wirst erkennen, dass Verurteilung keinen Sinn macht, weil du selbst für dein Leben zuständig bist und jederzeit eine neue Wahl treffen kannst.

Also frag dich: „Will ich Klarheit?"

Deine Notizen

24 Stelle ich eine Frage?

Wenn du in einem Problem fest steckst, dann hast du meist vergessen, dass du dich auf die Lösung statt auf das Problem selbst fokussieren kannst. In diesem Fall werde dir bewusst, dass es unendlich viele Möglichkeiten gibt, wie Dinge und Situationen sich lösen könnten, wenn wir uns nicht nur auf diese eine Möglichkeit konzentrieren, die uns eingefallen ist.

Wenn du das tust, dann glaubst du, bereits eine Antwort zu haben. Stattdessen könntest du Fragen stellen, auf die du die Antwort noch nicht weißt. Mit anderen Worten: du könntest neugierig darauf sein, welche Möglichkeiten sich dir zeigen werden, statt zu hoffen, dass die eine Möglichkeit eintritt, von der du beschlossen hast, dass sie die Lösung deines Problems ist.

Eine offene Frage zu stellen ist immer ein hervorragender Plan, weil dir das Türen öffnet, die du zuvor nicht gesehen hast und mit denen du nicht hast rechnen können.

Mit einer Frage, auf die du die Antwort noch nicht kennst, gehst du sozusagen in den Empfangsmodus. Du hast alle Schlussfolgerungen losgelassen und freust dich auf die überraschende Lösung deines Problems.

Es geht also darum, dich für neue Möglichkeiten zu öffnen und das kannst du nur, wenn du die Möglichkeit loslässt, von der du beschlossen hast, dass sie die einzige ist.

Wenn du zum Beispiel mehr Geld haben möchtest, dann hast du vielleicht die Schlussfolgerung, dass das nur mit einer Gehaltserhöhung möglich ist. Du hoffst also auf diese Gehaltserhöhung, tust alles dafür, dass du sie bekommst und befürchtest, dass du sie nicht bekommst. Die Gehaltserhöhung ist deine Antwort. Dabei übersiehst du vielleicht den Nebenjob, der dir das Geld verschaffen würde.

Eine offene Frage könnte dagegen sein: „Wie könnte sich mein Wunsch nach Geld wohl erfüllen?" Und dann bist du gespannt auf das Ergebnis und freust dich auf die Erfüllung deines Wunsches. Dein innerer Kompass wird alles dafür tun, dich in die richtige Richtung zu lenken!

Deine Notizen

Suche ich nach Beweisen?

25

Wir wollen alles richtig machen. Im Beruf, im Privatleben, in unserer persönlichen Entwicklung. Dabei sind wir oft im Zweifel, ob uns das gelingt.

„Mache ich alles richtig, damit meine Wünsche sich manifestieren können?"

Wenn du dir diese Frage immer wieder stellst, dann bist du bewusst oder unbewusst auf der Suche nach Beweisen dafür, dass du alles richtig machst.

Es kann sein, dass du dich an kleinen Wünschen versuchst und bange darauf wartest, dass sie sich erfüllen, denn das wäre ja dann der Beweis dafür, dass du manifestieren kannst. Oder du hast eine Aktie gekauft, von der du dir erhoffst, dass sie gewinnbringend ist und jetzt schaust du drei Mal am Tag nach dem Kurs und hoffst, dass er nicht gesunken ist. Oder du fragst das Universum nach Beweisen für die Richtigkeit einer Entscheidung und hältst jede schwarze Katze für einen Unglücksboten und jede Feder, die du findest, für ein positives Zeichen des Universums.

Das alles bedeutet nur, dass du im Zweifel bist. Mit anderen Worten: Du vertraust nicht darauf, dass es genügt, glücklich zu sein und dadurch mehr Glück anzuziehen. Du vertraust nicht darauf, dass jede Wahl dich weiter bringt. Du vertraust nicht darauf, dass alles gut ist.

Zweifel bewirkt mehr Situationen, die dich zum Zweifeln bringen.

Vertrauen bewirkt mehr Situationen, die dich in deinem Vertrauen bestärken.

Im Rückblick wirst du die Beweise finden, dass alles genau richtig war, aber suche nicht nach ihnen, sondern geh einfach munter immer weiter. Dein innerer Kompass zeigt dir den Weg.

Deine Notizen

26 Bin ich dankbar?

Das ist eine Frage, die dich schnell in eine wunderbare Energie bringt. Wenn du dankbar bist, kannst du gar nicht anders, als zufrieden und froh zu sein. Wenn du dankbar bist, bist du im Empfangsmodus. Wenn du dankbar bist, kannst du nicht bewerten, denn Bewertung und Dankbarkeit schließen einander aus.

Stell dir vor, du gehst durch einen Garten und blickst auf die Blumenpracht und freust dich so über den Anblick, dass dein Herz hüpft. Du kannst dich entweder freuen – was gleichzeitig bedeutet, dass du dankbar für den Anblick bist – oder du kannst dir erzählen, wie viel besser man den Garten hätte anlegen können. Beides gleichzeitig geht nicht.

Wenn du dich fragst, ob du dankbar bist, wirst du schnell erkennen, dass es unzählige Dinge gibt, für die du dankbar sein kannst. Und wenn dir nichts einfällt, weil du gerade nicht im Empfangsmodus bist, sondern dein Leben furchtbar findest, dann frag deinen inneren Kompass. Der findet das Leben nicht schrecklich, sondern er weiß, dass Dankbarkeit froh macht und deswegen findet er überall etwas, das ihn dankbar macht.

Öffne die Augen und schau dich um! Bist du nicht dankbar für das Wasser, das verlässlich aus der Leitung kommt? Für deine Hände, die du gerade wäschst? Für die saubere Luft, die du atmest?

Wenn du danach Ausschau hältst, findest du überall etwas, wofür du wirklich dankbar bist. Du hast es nur vergessen.

Und wenn du dankbar bist, ziehst du immer mehr Dinge in dein Leben, für die du dankbar sein kannst. Ist das nicht schön?

Deine Notizen

Kann ich Nein sagen?

27

So ein eindeutiges, kräftiges „Nein" fühlt sich richtig gut an. Oft fällt es uns allerdings schwer, dieses Nein aus dem Bauch bis ganz nach oben aufsteigen zu lassen. Vor allem, wenn wir es zu jemandem sagen wollen, der uns am Herzen liegt oder dessen Erwartungen wir erfüllen wollen. Dann wird das Nein zu einem unsicheren Vielleicht oder einem zögernden Nicken.

Hinterher ärgern wir uns darüber, dass wir nicht einfach abgelehnt haben.

Unser innerer Kompass hat kein Problem damit, Nein zu sagen. Er ist auf Glück ausgerichtet und auf die Vermeidung von Leid. Er hat keine Bedenken, die Erwartungen anderer nicht zu erfüllen oder seinen Fokus auf das auszurichten, was UNS gut tut. Schließlich weiß er, dass unser Glück wichtig ist. Es lässt uns eine wunderschöne Realität gestalten und sorgt dafür, dass andere sich von uns anstecken und inspirieren lassen

Du kannst dir ein Beispiel an ihm nehmen.

Wenn du dich fragst, ob du Nein sagen kannst, dann wirst du dich vielleicht an Situationen erinnern, in denen du Ja gesagt hast, obwohl deine Intuition Nein gerufen hat.

Sei dankbar für den Hinweis und erlaube dir zu entdecken, was dich davon abgehalten hat, deinem Impuls zu folgen. Wolltest du nett sein? Wolltest du jemanden nicht verletzen? Hattest du Angst, dass du in einem schlechten Licht dastehst?

Was immer da hoch kommt – war es das wert? Und wäre alles vielleicht ganz anders gekommen, als du es dir ausgemalt hast?

Ein Nein kann sehr freundlich sein – zu der Person, zu der du es sagst und vor allem zu dir selbst. Wenn es von ganzem Herzen kommt, dann wird es weder dir noch jemand anderem schaden.

Deine Notizen
---

28 Bin ich freundlich zu mir selbst?

Was bedeutet es, freundlich zu dir selbst zu sein? Vor allem bedeutet es, Geduld mit dir zu haben, dich nicht zu verurteilen, dich nicht schuldig zu fühlen. Freundlich zu dir zu sein, bedeutet liebevoll mit dir zu sein. So liebevoll wie du mit einem Baby wärst.

Wenn das Baby schreit, brüllst du es nicht an, sondern du bemühst dich herauszufinden, was es möchte. Wenn es seine ersten Schritte versucht, erzählst du ihm nicht, dass es ein Versager ist, weil es noch nicht laufen kann, sondern du freust dich über diese ersten Versuche. Wenn es spielt, findest du das entzückend und sagst ihm nicht, dass es endlich an die Arbeit gehen soll.

Wie wäre es, wenn du dich selbst genauso liebevoll behandelst?

Es ist noch nie ein Meister vom Himmel gefallen. Wir alle machen unsere ersten Schritte, wir alle probieren uns aus und machen Fehler, wir alle sind manchmal verzweifelt oder wütend. Dann dürfen wir geduldig und verständnisvoll mit uns sein, wir können uns ermutigen und uns gratulieren, dass wir weitermachen!

Das bedeutet es, freundlich zu dir selbst zu sein. Jede Unfreundlichkeit dir selbst gegenüber lässt deine Welt unfreundlicher werden. Wenn du liebevoll mit dir umgehst, dann wird deine Welt liebevoller.

Und wie oft gehen wir mit uns selbst wesentlich unfreundlicher um als mit anderen?

Du weißt, wie es geht. Schließlich behandelst du andere Menschen freundlich, nicht wahr? Wie wäre es, wenn du dich ab jetzt selbst so behandelst, wie du als kleines Kind gern behandelt worden wärst: mit tiefster Liebe, größtem Verständnis und stetiger Ermutigung? Sei freundlich zu dir.

Deine Notizen

29 Wem kann ich Freundlichkeit schenken?

Du weißt jetzt ja schon, dass es immer um dich geht. Um dich, deine Energie, und um den Zustand, in dem du am häufigsten bist. Um so glücklich wie möglich zu werden, müssen wir so oft wie möglich glücklich sein. Jede Kleinigkeit, über die wir uns freuen, macht unsere „Glücks-Schwingung" stabiler und die wiederum sorgt dafür, dass mehr in unser Leben gezogen wird, worüber wir glücklich sein können.

Was uns besonders glücklich macht, ist anderen eine Freude zu bereiten. Also zu sehen, wie ein anderer sich freut, weil wir etwas gesagt oder getan haben, das diese Freude auslöst.

Das ist so, als würdest du jemandem ein Geschenk überreichen und der packt es aus und freut sich wie verrückt. Das macht dich glücklicher als wenn du selbst ein Geschenk bekommen hättest. Würde derjenige das Geschenk beiseite legen und lapidar antworten: „Das wäre doch nicht nötig gewesen", dann würde auch deine Freude verpuffen.

Deswegen darfst du sehr egoistisch sein, wenn du Freundlichkeit schenkst. Du weißt, dass es deine Freude vermehrt, wenn du schenkst und kannst dir wünschen, dass der Empfänger sich ebenfalls freut.

Du könntest deinen Tag damit beginnen. Frag dich am Morgen, zu wem du freundlich sein könntest. Nicht nur, um demjenigen den Tag zu versüßen, sondern um deinen Tag noch schöner zu machen.

Und wenn du übst, Freundlichkeit zu verschenken, wird dir das zu einer schönen Gewohnheit werden. Eine Gewohnheit, die du schließlich ganz automatisch auch dir selbst gegenüber hast.

Deine Notizen

30 Will ich die Wahrheit verbreiten?

Mit dieser Frage lade ich dich dazu ein, über deine Vorstellungen zu sprechen, statt über das, was du für wahr hältst. Wir möchten ja im Einklang mit unserem inneren Kompass sein und dieser Kompass neigt nicht zum Klagen, sondern konzentriert sich auf die Erschaffung von Glück.

Die Welt ist ganz offensichtlich nicht in einem idealen Zustand. Um das zu sehen, genügt ein Blick in die Zeitung. Die Frage ist nur, wie sehr wir in die Wahrheit dieses Zustands eintauchen und ob wir ihn noch realer für uns machen.

Lass mich das an einem Beispiel erklären. Ein Politiker wird dabei ertappt, dass er gelogen, betrogen und sich bereichert hat. Die Empörung ist groß, die Beweise eindeutig. Du liest darüber, bist ebenfalls empört und diskutierst mit jedem darüber, den du triffst. Vielleicht machst du einen Post auf Facebook, bekommst viele Kommentare und fühlst dich bestätigt in deiner Empörung.

Natürlich hast du nichts falsch gemacht. Schließlich hast du die Wahrheit verbreitet und bist zu Recht empört über das Verhalten dieses Politikers.

Aber wenn du darüber nachdenkst, dass du mehr von dem anziehst, was du aussendest, dann kommst du zu dem Schluss, dass niemandem damit gedient ist, diese Wahrheit zu verbreiten und sie stärker zu machen.

Du könntest dich stattdessen darüber freuen, dass der Betrug entdeckt wurde und der Politiker zurücktreten muss. Du könntest Dankbarkeit für unser funktionierendes Rechtssystem empfinden. Du könntest dir eine Welt wünschen, in der es ehrliche Politiker gibt und dir vorstellen, wie du dich in einer solchen Welt fühlen würdest. Du könntest sogar über diese ideale Welt sprechen und andere dazu inspirieren, über eine solche Welt nachzudenken und zu sprechen.

Du veränderst dadurch nicht, was geschehen ist, aber du verlagerst deinen Fokus vom Problem auf die Lösung, bist dadurch wieder im Einklang mit dir selbst und hast das Erwünschte verstärkt, statt das Unerwünschte stärker zu machen.

Deine Notizen

31 Will ich frei sein oder will ich recht haben?

Ist das nicht eine interessante Frage? Und tatsächlich habe ich schon erlebt, dass Menschen darauf nach langem Überlegen geantwortet haben: „Ich will lieber recht haben".

Recht zu haben ist sicher ein schönes Gefühl, aber meist hält es nicht lange an. Ob jemand recht oder unrecht hat, darüber streiten sich immer zwei. Einfach nur zu wissen, dass man recht hat, ist nicht halb so befriedigend, wie recht zu haben, weil jemand anderer unrecht hat.

Erinnere dich an einen Streit, in dem du recht behalten hast und an einen Streit, in dem sich herausgestellt hat, dass du im Unrecht warst. Hat es sich gelohnt, oder wäre es nicht besser gewesen, so frei zu sein, dass man gar nicht erst hätte anfangen müssen zu streiten?

Eins plus eins ist zwei. Das ist eine Tatsache und wenn dir jemand widerspricht, kannst du es ihm beweisen und musst nicht darüber streiten. Aber abgesehen von solchen Tatsachen ist der Verlauf zwischen recht und unrecht haben eher verschwommen. Es kommt auf die Perspektive und das persönliche Empfinden an. Darüber zu streiten ist fruchtlos und birgt eine hohe Verletzungsgefahr.

Wie frei dagegen fühlst du dich, wenn du nicht recht haben musst? Und wenn du keinen Beweis dafür brauchst, dass der andere unrecht hat?

Wenn du deinen inneren Kompass danach fragst, ob er recht haben muss, wird er wahrscheinlich fröhlich kichern – wenn er kichern könnte - denn das Konzept von recht oder unrecht haben, interessiert ihn nicht. Ihn interessiert ein gutes Gefühl und er freut sich, wenn andere sich auch gut fühlen. Wenn du ihm folgst, bist du frei!

Deine Notizen

32. Kann ich Komplimente empfangen?

Diese Frage kannst du dir immer mal zwischendurch stellen, denn sie verrät dir, ob du im Empfangsmodus bist.

Viele Menschen tun sich schwer damit, Lob zu empfangen, Komplimente, Glückwünsche. Und wenn sie sich bedanken, dann oft gekoppelt mit einer Rechtfertigung.

„Schönes Kleid!" - „Oh, danke, war ganz billig im Ausverkauf. Hab ich Glück gehabt."

„Das hast du toll gemacht!" - „Ach nein, das war gar nicht so schwer."

„Glückwunsch zum neuen Job!" - „Dafür hab ich auch drei Jahre wie verrückt geschuftet."

Du siehst, was ich meine? Viele tun sich schwer, ein Kompliment einfach stehen zu lassen und versuchen, es herunterzuspielen oder sich für ihre Leistung oder ihr Glück zu rechtfertigen.

Dahinter steht meist der Glaube, dass man sich Glück verdienen muss oder dass man es nicht verdient. Beides keine guten Voraussetzungen, um Glück ins Leben zu ziehen. Wenn man es verdienen muss, dann muss es wohl anstrengend sein und wenn man es nicht verdient, dann bekommt man es nicht oder nur durch Zufall.

Ich rate dir, Komplimente mit einem „Danke!" zu empfangen. Bedanke dich einfach und freue dich darüber. Wenn du das eine Weile übst, wirst du dir abgewöhnen, dich für dein Glück zu entschuldigen, es zu rechtfertigen und es herunterzuspielen.

Denk daran, dass dein innerer Kompass dir das ebenfalls raten würde. Für ihn ist Glück selbstverständlich und Komplimente ein Anlass für Freude und Dankbarkeit.

Deine Notizen

33 Wo liegt meine Verantwortung?

„Wo liegt meine Verantwortung?" Das ist eine wichtige Frage und wenn du jetzt versuchst, all die Menschen und Dinge und Situationen in deinem Leben aufzuzählen, für die du dich verantwortlich fühlst, dann möchte dein innerer Kompass dich sanft in eine andere Richtung schubsen.

Wie wäre es, wenn deine Verantwortung bei dir liegen würde? Besser gesagt, bei deinem Glück und darin, im Einklang zu sein mit dir selbst?

Was, wenn das deine allerwichtigste Verantwortung wäre? Natürlich darfst du auch verantwortlich sein für all die Aufgaben, die du übernommen hast, für das Wohlergehen deiner Kinder und für all die anderen Jobs, die du dir aussuchst. Aber die Voraussetzung dafür, dass du gut mit diesen Jobs umgehen kannst, ist dein inneres Gleichgewicht.

Die erste Priorität ist also dein innerer Einklang. Gemeinsam mit deinem Kompass, deiner Seele, deinem wahren Selbst im Gleichschritt zu gehen. Darin liegt deine Power, dein Glück, deine Freude. Je mehr du im Einklang bist, desto leichter fällt dir das Leben. Desto weiser wählst du deine Aufgaben und Unternehmungen. Desto wunderbarer oder zumindest lehrreicher sind die Menschen in deiner Welt. Und desto inspirierender bist du für die Menschen, die du in dein Leben ziehst und die für dich eine Herzensangelegenheit sind.

Im Einklang zu sein ist eine Verantwortung, die gar nicht schwer auf deinen Schultern lastet. Im Gegenteil: sie lässt dich leichtfüßig durchs Leben gehen.

Deine Notizen

34 Achte ich darauf, was ich fühle?

Das Gefühl ist das Geheimnis. Ich sage das sehr oft und häufig erinnere ich mich selbst daran. Es scheint mir manchmal, als wäre es das bestgehütete Geheimnis überhaupt, weil so viele Menschen es einfach nicht für sich entdecken wollen.

Wir sind so daran gewöhnt, auf unsere Gedanken und Taten zu achten, dass wir taub und blind für unser Gefühl durch den Alltag marschieren.

Dabei ist das Gefühl unser Leitsystem, unser Indikator dafür, was mit uns los ist!

Achtest du also darauf, was du fühlst? Ob du munter, freudig oder aufgeregt bist? Ob frustriert, zornig oder traurig? Nur wenn du weißt, was du fühlst, kannst du reagieren und unter Umständen gegensteuern.

Das bedeutet nicht, dass du nicht traurig oder wütend sein darfst oder dass du deine Gefühle unterdrücken sollst. Aber es macht keinen Spaß, sich allzu lange schlecht zu fühlen. Niemand will sich schlecht fühlen, wir alle wollen uns gut fühlen.

Deswegen stell dir diese Frage immer mal wieder, einfach nur deswegen, weil wir so oft vergessen, auf unsere Gefühle zu achten und dann unbemerkt in Leid oder Schmerz oder Frustration hinein rutschen und irgendwann glauben, dass das ein normaler Zustand ist.

Das ist es nicht. Unser „normaler" Zustand ist Zuversicht und Freude und Lebenslust.

Also achte auf deine Gefühle. Und achte sie!

Deine Notizen

Bin ich bereit?

Wir alle sind auf einer Reise, die wir mal mehr, mal weniger genießen. Auf dieser Reise verändern wir uns. Wir sind heute nicht die, die wir gestern waren oder die, die wir morgen sein werden. Was immer wir erleben, lehrt uns etwas, ändert unsere Perspektive, formt unsere Sicht auf die Welt.

Manchmal sind wir bereit für den nächsten Schritt und manchmal nicht. Es ist gut zu wissen, wann wir bereit sind und wann wir eben noch nicht bereit sind, damit wir nicht stolpern.

Wann sind wir bereit?

Lass es mich an einem Beispiel erklären. Du hast ein großes Ziel. Vielleicht möchtest du eine Partnerschaft, in der du dich geborgen fühlst. Du hast vielleicht bisher unangenehme Erfahrungen mit vergangenen Beziehungen gemacht, in denen du dich verloren gefühlt hast.

Wenn also der Wunsch nach so einer nährenden Partnerschaft aufsteigt, dann könntest du dich fragen: „Bin ich bereit?"

Denn manchmal sind wir eben noch nicht bereit. Manchmal müssen wir unsere Reise noch ein wenig fortsetzen, weil das Etappenziel zu weit entfernt ist. Vielleicht müssen wir noch ein paar Erfahrungen sammeln, haben noch zu viel im Rucksack oder möchten den Weg genießen, statt vorwärtszustürmen und die wunderbaren Erlebnisse zu verpassen, die wir gehabt hätten, wenn wir langsamer gegangen wären.

Wenn du bereit bist, fühlst du es. Da ist kein Zweifel in dir, kein Zögern. Keine Angst, keine Befangenheit. Du bist bereit!

Wenn nicht, dann kannst du dir sicher sein, dass du bereit

sein wirst. Du kannst darauf vertrauen, dass bereits manifestiert ist, was du dir wünschst, auch wenn du es noch nicht greifen kannst. Genieße die Reise!

Deine Notizen

Vergebe ich mir?

Diese Frage ist wunderbar geeignet, wenn du dazu neigst, dir die Schuld zu geben. Wenn du dich dafür verurteilst, etwas falsch gemacht zu haben oder wenn du immer wieder über Situationen nachdenkst, in denen du etwas getan hast, was du eigentlich nicht tun solltest.

Du weißt ja, du kannst immer nur im Hier und Jetzt fühlen, nicht in der Vergangenheit und nicht in der Zukunft. Wenn du also über Vergangenes grübelst und dir dabei Vorwürfe machst, fühlst du dich JETZT schlecht und das nutzt niemandem etwas.

Es ist gut, Vergangenes ruhen zu lassen und den Blick nach vorne zu richten. Deswegen ist es wichtig, dass du dir deine vermeintlichen Fehler vergibst oder besser noch: dass du sie vergisst! Vergessen allerdings wird unmöglich, wenn du immer wieder daran denkst.

Erinnere dich daran, dass es immer nur darum geht, dich gut zu fühlen – vor allem mit dir selbst. Sei freundlich zu dir, vergib dir und vergiss, was war.

Schau neugierig in die Zukunft und vertraue dir.

Wenn du dir die Frage „Vergebe ich mir?" stellst, dann lausche auf deinen inneren Kompass, nicht auf die Stimmen in deinem Kopf, die dir von Recht und Unrecht erzählen, von Schuld und Vorwurf, von Reue und Schmerz.

Dein innerer Kompass wird dir von Liebe erzählen, von Geduld, Verständnis und Vertrauen.

Hör ihm zu und fühle, wie sich das anfühlt.

Deine Notizen

Investiere ich meine Energie?

37

Deine Gedanken, deine Gefühle, deine Worte, deine Taten ... all das ist deine Energie und du könntest dich fragen, wie du mit ihr umgehst.

So oft verschwenden wir unsere Energie an Dinge, die weder uns selbst noch jemand anderem nutzen. Wir grübeln über unsere Probleme nach, fühlen vergangenen Schmerz, als wäre die Verletzung gerade erst geschehen, wir sprechen ununterbrochen über all das Negative, das in der Welt vor sich geht und wir erledigen unsere Aufgaben ohne Freude und Dankbarkeit.

Das ist tatsächlich pure Verschwendung unserer Energie.

Das Gegenteil von Verschwendung ist Investition. Etwas zu investieren bedeutet, dass wir unsere Energie verwenden, um mehr zu bekommen von dem, was wir einsetzen. Mehr Freude, mehr Glück, mehr Zuversicht, mehr Fröhlichkeit, mehr Dankbarkeit.

Dein innerer Kompass ist ein wunderbar erfolgreicher Investor. Er weiß genau, was er will. Und er weiß, was er denken und fühlen muss, um mehr von all dieser Freude zu haben.

Frag dich also immer mal wieder, ob du deine Energie verschwendest oder investierst. Und wenn du bemerkst, dass du ein Verschwender bist, dann lenke deinen Fokus auf die schönen Dinge in deinem Leben. Auf die Verlässlichkeit der Sonne, die jeden Tag aufgeht. Auf die Menschen, die dir gut tun. Auf deine Augen, die dich alles Schöne sehen lassen. Auf den Duft des Rasens nach dem Regen. Vermehre deine Freude, indem du Wohltuendes denkst, fühlst, sprichst und tust.

DAS ist eine erfolgreiche Investition deiner Energie in mehr Glück!

---- Deine Notizen ----

Was kann ich heute loslassen?

38

Du weißt ja, dass wir alle dazu neigen, festzuhalten. Loslassen bedeutet für die meisten Menschen eine Art von Verlust und niemand möchte gern einen Verlust hinnehmen.

Tatsächlich würden sich viele „Verluste" aber als Gewinn entpuppen, wenn wir bereit wären, loszulassen.

Wir könnten loslassen von gewohnten Gedanken, die uns beunruhigen.

Wir könnten loslassen von Gefühlen, die uns weh tun.

Wir könnten loslassen von Gewohnheiten, die uns das Leben schwer machen.

Wir könnten loslassen von Geschichten, die wir uns immer wieder selbst erzählen.

Wir könnten loslassen von Menschen, die uns nicht nähren.

Lass deine innere Stimme die Führung übernehmen und frage dich: „Woran halte ich fest, das mir nicht gut tut und kann ich es loslassen? Was ist die eine Sache, die ich heute loslassen kann, die mein Leben verbessert, wenn ich sie loslasse?"

Das kann alles Mögliche sein. Die Sorge zum Beispiel, mit dem ich meinem Kind hinterherschaue, wenn es zur Schule geht. Die Angst, dass jemand hinter meinem Rücken schlecht über mich redet. Das Schuldgefühl, mit dem ich kämpfe, weil ich mir endlich Zeit für mich selbst nehme.

Du siehst, es geht um all die kleinen und großen Dinge, die dafür sorgen, dass wir uns schlecht fühlen.

Was also kannst du heute loslassen, das – wenn du es losgelassen hast – dein Leben glücklicher machen würde?

Verlass dich ganz auf deine innere Stimme, die weiß, wie Glücklichsein geht.

Deine Notizen

Bin ich geduldig?

39

„Abwarten und Tee trinken" hat meine Oma immer gesagt und ich habe das gar nicht gern gehört. Geduld war nicht meine starke Seite und ehrlich gesagt, ist sie es immer noch nicht. Ich habe allerdings gelernt, mit meiner Ungeduld umzugehen, denn ich weiß mittlerweile, wie unsinnig sie ist.

Statt ungeduldig zu sein, übe ich mich mittlerweile nicht nur in Geduld, sondern vor allem in Vorfreude. „Vorfreude ist die schönste Freude" hat meine Oma ebenfalls immer gesagt und wie recht sie hatte!

Du könntest es mit einem großen Buffet vergleichen, vor dem du stehst. Die Speisen auf dem Buffet sind all deine Wünsche, die sich in dir angesammelt haben und zum rechten Zeitpunkt in die physische Existenz kommen. Der rechte Zeitpunkt ist der, an dem du sie empfangen kannst.

Du stehst also vor diesem Buffet und nimmst vielleicht von einem der Gerichte etwas und legst es auf deinen Teller. Dann nimmst du von einem zweiten Gericht und dann noch von einem dritten. Damit setzt du dich an den Tisch und beginnst, genüsslich zu essen. Dabei überlegst du dir vielleicht, welches Dessert besonders einladend aussieht. Du freust dich schon darauf.

Du rennst nicht zum Buffet und isst alles auf einmal! Denn worauf solltest du dich dann noch freuen?

Stell dir vor, all deine Wünsche würden sich in dem Moment erfüllen, in dem du sie hast. Wäre das nicht furchtbar? Du würdest dich fragen: „Und was jetzt?" Die Zeit zwischen dem Aufsteigen der Wünsche und ihrer Erfüllung kannst du voller Vorfreude genießen und dich auf das konzentrieren, was JETZT schön ist. Wenn du dich dabei ertappst, dass du ungeduldig wartest, dann schau dich um, woran du dich freuen kannst und genieße es!

Deine Notizen

Wer will ich sein?

„Wer will ich sein" ist eine sehr spannende Frage, vor allem, weil dir dabei unweigerlich einfallen wird, wer du nicht sein willst.

Jetzt kommt es darauf an, nicht in Schuldgefühle zu verfallen, weil du noch nicht das bist, was du eigentlich sein willst, sondern deine Erkenntnisse über dich dankbar zu empfangen. Alles, was du nicht sein willst, zeigt dir nur, was du sein willst und ist deswegen eine große Hilfe bei der Kreation deiner selbst.

Wenn dir einfällt, dass du kleinlich warst, dann weißt du, dass du großzügig sein möchtest.

Wenn dir einfällt, dass du unachtsam warst, dann weißt du, dass du achtsam sein möchtest.

Wenn dir einfällt, dass du aufbrausend warst, dann weißt du, dass du gelassen sein möchtest.

Wenn dir einfällt, dass du kein Geld hast, dann weißt du, dass du Geld haben möchtest.

Wenn dir einfällt, dass du schüchtern bist, dann weißt du, dass du selbstbewusst sein möchtest.

Wenn dir einfällt, dass du dich jeden Tag schlecht gelaunt an deinen Arbeitsplatz schleppst, dann weißt du, dass du eine Arbeit möchtest, die dir Freude macht.

Wenn dir einfällt, dass niemand dich beachtet, dann weißt du, dass du von anderen Menschen gesehen werden möchtest.

Wir sind das, was wir zu sein glauben. Wir werden zu dem, was wir werden wollen, wenn wir daran glauben.

Wenn du dich also fragst, wer du sein willst, dann stell dir die beste Version deiner selbst vor. Sei in deiner Vorstellung bereits der Mensch, zu dem du werden möchtest. Du kannst damit spielen: Was würden die Leute von mir sagen, wenn ich dieser Mensch bin? Wie würde sich mein Leben verändern, wenn ich dieser Mensch bin? Welchen Einfluss hätte ich auf andere, wenn ich dieser Mensch bin?

Du kannst dich selbst erschaffen und dein innerer Kompass hilft dir dabei.

Deine Notizen

Rechtfertige ich meine Begrenzungen?

Das ist eine trickreiche Frage, vor allem deswegen, weil sie dir hilft, dich nicht selbst auszutricksen. Das tust du nämlich, wenn du dir selbst oder anderen immer wieder erzählst, warum etwas nicht geht, warum du etwas nicht kannst, warum etwas unmöglich ist.

Du findest sozusagen immer wieder Entschuldigungen dafür, dass du deine Aufmerksamkeit nicht auf das richtest, was du willst.

Du rechtfertigst die Begrenzungen, die du selbst definiert hast.

Die grundlegende Frage ist doch: Willst du dich gut oder schlecht fühlen? Gut natürlich! Warum richtest du deinen Fokus dann nicht darauf, sondern bleibst so oft in einem schlechten Gefühl? In dem Gefühl, dass etwas nicht möglich ist, was du gern hättest?

Die einzige Entschuldigung dafür könnte sein, dass du noch nie davon gehört hast, dass deine Energie ähnliche Energien in dein Leben zieht. Oder dass du nicht daran glaubst. Warum sonst solltest du dich auf das konzentrieren, was du nicht willst und dich dabei schlecht fühlen? Denn das tust du, wenn du deine sogenannten Begrenzungen rechtfertigst. Tust du es, weil es alle anderen auch tun und weil es deine Eltern und Großeltern auch schon getan haben? Das ist kein guter Grund. Wenn du dich auf das fokussierst, was du nicht willst, dann ist es so, als würdest du die Kleider in einer Boutique betrachten. Da gibt es welche, die du toll findest – das gute Gefühl - und welche, die du scheußlich findest – das schlechte Gefühl. Und du grübelst, aus welcher Kategorie du eines für dich aussuchen solltest. Und dann suchst du eines aus, das du scheußlich findest, ziehst es an, findest es immer noch scheußlich und ziehst es dennoch nicht wieder aus.

Frag dich also: Rechtfertige ich meine Begrenzungen?

Deine Notizen

42. Weiß ich, dass heute ein neuer Tag ist?

Natürlich ist jeder Tag ein neuer Tag, aber mir scheint, dass wir das allzu oft vergessen. Wir nehmen die Sorgen, Zweifel und Ängste von gestern mit in das Heute und dann schleppen wir sie weiter mit in das Morgen.

Du hast aber jeden Tag die Chance, neu zu beginnen. Jeden Morgen, wenn du aufwachst, gibt es diesen kurzen Moment, in dem du frei von allen negativen Gedanken und Gefühlen bist. Das ist dieser Moment, bevor dir wieder einfällt, was du alles mit dir herum schleppst.

Nutze diesen Moment bewusst, um dir zu erzählen, dass heute ein neuer Tag ist. Ein Tag, auf den du dich freust. Denk an all die schönen Dinge, die du vorhast, die du erwartest, die dir begegnen könnten. Mach dir bewusst, dass jeder Morgen ein neuer Beginn ist, dass das Gestern vergangen und das Morgen wieder eine neue Chance ist.

Mit der Frage „Weiß ich, dass heute ein neuer Tag ist?", könntest du den Tag beginnen.

Du könntest dich ganz bewusst darauf fokussieren, dass du diesen Tag erfreulich gestalten wirst, dir bewusst machen, dass es deine Wahl ist, wie dieser Tag wird. Der Tag wird sich deiner Energie anpassen und deswegen achte auf die Energie, in der du bist.

Dein innerer Kompass wird dich dabei unterstützen, denn der wusste schon immer, dass jeder Tag tausend neue Möglichkeiten bietet!

Deine Notizen

43 Glaube ich was ich sehe oder sehe ich was ich glaube?

Das ist eine meiner absoluten Lieblingsfragen, denn sie erinnert mich immer wieder daran, dass alles bereits da ist, sobald ich es wünsche. Es ist da, weil ich es gewünscht habe, ich kann es nur noch nicht mit meinen physischen Augen sehen.

Ich kann es aber in meiner Vorstellung sehen und ich kann es fühlen, als wäre es bereits in der physischen Existenz!

Wenn du glaubst, was du siehst und du siehst, dass dein Wunsch noch immer nicht erfüllt ist, dann wirst du enttäuschst sein und an dir zweifeln.

Du glaubst, was du siehst.

Wenn du aber daran glaubst, dass dein Wunsch schon erfüllt ist und du das Gewünschte zur rechten Zeit empfangen wirst, dann siehst du es in deiner Vorstellung und bist froh darüber. Damit ziehst du das, was du dir wünschst, in die Realität.

Du siehst, was du glaubst.

Diese Frage hat aber noch eine zweite Bedeutung. Wenn du weißt, dass du sehen wirst, was du glaubst, dann wirst du darauf achten, was du glauben willst.

Wenn du dem Negativen glaubst, das du siehst, dann wirst du mehr davon in deine Welt ziehen.

Das ist der Grund, warum ich mich nicht mit schlechten Nachrichten beschäftige. Ich glaube sie nicht, weil ich etwas anderes glauben will. Damit meine ich nicht, dass ich Tatsachen anzweifle, aber ich richte meinen Fokus nicht darauf. Ich lasse nicht zu, dass die „unerwünschte" Realität sich zu meinem „Glauben" verdichtet. Wenn ich etwas glaube, dann kann ich keine Alternative mehr sehen. Stattdessen schaue ich mir das Negative an und wende mich ab. Dann wende ich mich innerlich dem zu, was ich glauben will und was ich künftig als Realität sehen will. Fokus!

Deine Notizen

44
Verurteile ich negative Gefühle?

Bitte stell dir diese Frage immer wieder einmal, selbst wenn du denkst, dass du bereits über diese Gewohnheit hinausgewachsen bist. Es ist eine hartnäckige Gewohnheit, die wir alle haben, unsere negativen Gefühle als schlecht zu bewerten und zu verurteilen.

Dabei sind Gefühle nichts anderes als der Ausdruck unseres inneren Leitsystems. Wenn du sie verurteilst, weil du dich schließlich gut fühlen solltest, dann ignorierst du deinen inneren Kompass, der dir gerade mitteilt, dass du dich wieder auf seine Richtung einschwingen kannst.

Es wäre also kontraproduktiv, wenn du deine Gefühle ignorieren, unterdrücken oder verurteilen würdest.

Wäre es nicht wunderbar, wenn du neutral oder sogar dankbar auf deine negativen Gefühle reagieren könntest?

Betrachte sie als einen Weckruf. Als einen Hinweis darauf, dass deine Energie gerade nicht deinen Wünschen entspricht. Sag leise „Danke" und schau dich nach etwas um, dass dich wieder froh macht. Lass dich nicht von deinen negativen Gefühlen runter ziehen, sondern aufrütteln.

Und mach dir keinen Druck.

Du darfst traurig sein, du darfst dich ärgern, du darfst wütend sein. Nur eben nicht zu lange. Nicht so lange, dass du dadurch dein Glück verhinderst.

Dein innerer Kompass zeigt dir verlässlich, wie du dich eigentlich fühlen willst, indem er immer in Richtung Fröhlichkeit, Zuversicht und Glück zeigt.

Deine Notizen

Warum will ich das?

Frag dich immer mal wieder, warum du etwas willst. Aber sei vorsichtig, damit du dir nicht nur erzählst, warum du etwas nicht willst. Das ist nämlich die häufigste Reaktion auf diese Frage. Lass es mich an einem Beispiel erklären.

Wenn ich dich frage, warum du einen neuen Job willst, dann ist die Wahrscheinlichkeit hoch, dass du mir erklärst, dass du dann nicht mehr so weit zur Arbeit fahren musst, dich nicht mehr mit der böswilligen Kollegin plagen musst und dass du dann nicht mehr jeden Cent dreimal umdrehen musst.

Du hast mir damit erklärt, warum du deinen alten Job nicht mehr willst.

Damit bleibst du allerdings in der gleichen Energie, in der du die ganze Zeit bist und nichts oder nur wenig wird sich verändern.

Wenn du dich nach dem Warum fragst, dann erzähle dir, warum du einen neuen Job willst und antworte dir zum Beispiel: Weil ich mich dann jeden Morgen auf die Arbeit freue, weil ich nette Kollegen habe und weil ich viel Geld habe.

Und dann male dir aus, wie du dich fühlen würdest. Denn das eigentliche Motiv, warum du etwas willst, ist das gleiche, das jedem Wunsch zugrunde liegt: Du willst glücklich sein. Tauche ein in das Gefühl der Freude, mit der du jeden Morgen aufwachst, fühle die Dankbarkeit für dein nährendes Umfeld und die Großzügigkeit, mit der du durchs Leben gehst. Fühle die Freiheit, die du mit diesem Job empfindest.

Höre auf deinen inneren Kompass, der immer weiß, warum er etwas will und keinen Gedanken an das verschwendet, was er nicht will.

Deine Notizen

Bist du in deiner Mitte?

46

Bist du in deiner Mitte? Mit anderen Worten: Bist du an einem Ort, an den du mit Leichtigkeit zurückkehren kannst, wenn du dich entfernt hast? Deine Mitte ist der Ort in dir, an dem du in Balance bist. Dort herrscht Frieden und Gelassenheit und Sicherheit. Dort ist deine Glücksquelle.

Immer wieder mal fragen mich Menschen, wie es mir gelingt, glücklich zu bleiben.

Die Antwort ist ganz einfach. Ich habe die Bedeutung von Glück für mich verändert. Ich habe mir sozusagen ein neues Narrativ über das Glück gezimmert. (Narrativ ist halt so ein Modewort, aber ich habe mich sehr mit ihm angefreundet. So ein Narrativ ist einfach eine sinnstiftende Geschichte, die die Ansicht über eine gewisse Sache bestimmt, in diesem Fall Glück.)

Glück ist für mich ein gutes Gespräch mit einem netten Menschen, das Feuer im Kachelofen schüren, der erste Kaffee am Morgen. All diese wunderbaren Kleinigkeiten.

Das ist Glück.

Statt immer nach dem nächsten Hoch zu jagen, finde ich Freude in den kleinen Dingen. Wenn ich dann einen Moment habe, in dem ich down bin, ist es sehr viel leichter, wieder zu diesem stillen, friedlichen Ort zurückzukehren. Und wenn ich ein irres Hoch habe, dann ist es ebenfalls wieder leichter, an diesen Ort zurückzukehren.

Ich fühle mich sehr wohl in diesem friedlichen Zustand, in dem Freude aus jeder Ecke blitzt und das könnte auch für dich eine Anregung sein.

Finde also deine Mitte, diesen friedlichen Ort in dir, an den du gern zurückkehrst, wenn du dich in die eine oder andere Richtung gebeutelt fühlst. Und überprüfe immer wieder einmal, ob du dort bist.

Deine Notizen

Lässt du deine Manifestationen los?

Eine Manifestation ist etwas, das du dir wünschst. Ich hätte die Frage also auch anders formulieren können: Lässt du deine Wünsche los?

Aber erstens möchte ich dich dafür sensibilisieren, dass deine Wünsche bereits Manifestationen sind, auch wenn du sie noch nicht sehen kannst und zweitens möchte ich nicht, dass du glaubst, du solltest auf die Erfüllung deiner Wünsche verzichten, denn das sollst du ganz bestimmt nicht.

Loslassen bedeutet in diesem Zusammenhang, das Nachfragen zu lassen. Dich ungeduldig zu fragen, wann „es" endlich soweit ist. Nach Beweisen zu suchen, dass „es" unterwegs ist. Dich damit zu beschäftigen, wie „es" kommen wird.

Stell dir vor, du bist im Restaurant. Du suchst dir etwas Schönes aus und bestellst beim Kellner. Dann gehst du ja auch nicht zwei Minuten später in die Küche, guckst dem Koch über die Schulter und fragst ihn, wie er dein Essen zubereitet, wann es endlich fertig ist und wie der Teller aussieht, auf dem der Kellner es servieren wird.

Nein, du bleibst an deinem Tisch, freust dich auf das Essen und genießt die Wartezeit. Du denkst nicht darüber nach, wann und wie das Essen kommt, sondern du unterhältst dich mit deinen Begleitern oder beobachtest die anderen Gäste.

Genauso solltest du es mit deinen Manifestationen, also deinen Wünschen machen. Du bestellst und bist voller Vorfreude auf das, was kommt. Unterdessen beschäftigst du dich mit den wunderbaren Dingen, die bereits da sind.

Dein innerer Kompass weiß genau wie es geht und sagt dir

immer Bescheid, wann du festhältst oder nachfragst. Er zeigt es dir mit einem negativen Gefühl. Wenn du aber losgelassen hast, fühlst du dich gut!

Deine Notizen

Bin ich im Weg?

Wenn wir davon ausgehen, dass die universellen Gesetze der Anziehung gelten, dann sollte ja alles ganz einfach sein. Wir wünschen uns etwas, gehen in den Empfangsmodus und ernten die Früchte. Gleiches zieht Gleiches an und so wird in unser Leben gezogen, was wir aussenden.

Tja.

Was ist es also, das uns immer wieder daran hindert, das zu bekommen, was wir wollen? Wenn wir den Zufall und einen, uns nicht wohlgesonnenen Himmelsherrscher ausschließen, dann kommen wir zu dem Schluss, dass wir selbst die einzigen sind, die uns im Weg stehen.

Deswegen stell dir selbst immer wieder mal die Frage: Bin ich im Weg?

Bin ich im Weg, wenn all das versucht, zu mir zu kommen, das ich mir wünsche und das sich verlässlich auf dem Weg befindet, WEIL ich es mir gewünscht habe?

Du könntest dir auf vielfältige Weise im Weg stehen. Du könntest frustriert sein, vergessen, dass die Geschenke unterwegs sind, glauben, dass das alles Blödsinn ist.

Du könntest überzeugt sein, dass du dich nur gewaltig anstrengen musst, dass die anderen schuld sind, dass die Welt eben schlecht ist.

Du könntest dir im Weg stehen, indem du zweifelst, wütend bist, Angst vor der Zukunft hast.

So viele Möglichkeiten gibt es, dir selbst und der Erfüllung deiner Wünsche im Weg zu stehen.

Deswegen überprüfe von Zeit zu Zeit, ob du dir selbst ein Bein stellst.

Wenn du dich fragst, ob du im Weg bist, dann lausche wie

immer auf deine innere Stimme. Du wirst dabei entdecken, wenn du dich in die falsche Richtung bewegst, wenn deine Energie nicht zu dem passt, wie du dich fühlen möchtest.

Und dann mach die Bahn frei für dein Glück und geh fröhlich aus dem Weg, damit all das Gute zu dir kommen kann.

Deine Notizen

Mag ich meine Stolpersteine?

Wer mag schon Stolpersteine, wirst du jetzt vielleicht denken. Du erinnerst dich: als Stolpersteine hat Petunia im Buch „Pia und das Glück" all die unerwarteten und unangenehmen Dinge und Situationen bezeichnet, die wir nicht wollen und die uns trotzdem geschehen.

Wir bezeichnen sie als Pech, Unglück, Blockade und sie sorgen meist dafür, dass wir uns schlecht fühlen. Oft benutzen wir sie auch als Entschuldigung, nicht weiter zu gehen, nicht mehr an uns zu glauben oder nichts Gutes zu erhoffen.

Dabei sind es eben nur Stolpersteine, die uns daran erinnern, was wir nicht möchten und uns dadurch zeigen, was wir wollen.

Selbst wenn uns das bewusst ist, ärgern wir uns oft über diese Stolpersteine. Wir lassen uns von ihnen unglücklich machen und wir nehmen sie zum Anlass, an uns selbst zu zweifeln.

Wir machen uns sogar den Vorwurf, diese Stolpersteine angezogen zu haben, weil wir nicht gut genug waren. Wir haben nicht auf unsere Energie geachtet, wir haben nicht aufgepasst, wir haben etwas falsch gemacht, denken wir dann.

Aber Stolpersteine wird es immer geben, so ist das Leben. Sie sind dazu da, uns wachsen zu lassen und deswegen kannst du dich über jeden einzelnen freuen. Wenn du das aus vollem Herzen tust, dann bist du in der Meisterklasse. Du hast erkannt, wie die Welt funktioniert und bist fröhlich dabei, sie zu erforschen und sie so schön wie möglich zu machen.

Stell dir diese Frage ab und zu, wenn du dich niedergedrückt fühlst. Frag deinen inneren Kompass, was er von diesen Stolpersteinen hält und spüre, wie seine Zuversicht und seine Ausrichtung aufs Glück ungebrochen ist. Dann nimm die Stolpersteine mit Dankbarkeit an und marschiere fröhlich weiter.

Deine Notizen

50 Was würde mein wahres Selbst tun?

Ich habe diese Frage bis zum Schluss aufgehoben. Sie ist so wichtig und bringt uns immer auf die richtige Spur.

Es geht darum, im Einklang mit deinem wahren Selbst zu sein, mit deiner inneren Stimme, mit deinem Kompass.

Wenn wir im Einklang sind, dann lauschen wir nach innen statt auf das Geschrei im Außen, wir gehen Richtung Glück und lassen uns nicht davon abbringen, unser Wohlbefinden zu verfolgen.

Wenn du also vor einer Entscheidung stehst, wenn du in einer miesen Stimmung bist, wenn du Probleme mit anderen Menschen hast … frag: Was würde mein wahres Selbst tun?

Dein wahres Selbst, das nichts anderes kennt als Wohlwollen, Liebe, Vertrauen und Zuversicht. Es sagt dir, wann du gehen und wann du bleiben sollst. Es sagt dir, was dir gut tut und was nicht. Es sagt dir, wann du dir selbst im Weg stehst und wann du starten kannst.

Es ist unbeeinflusst von Ängsten und Zweifeln, es hat größtes Verständnis für die menschliche Natur, es will nichts und niemanden bekämpfen oder unterdrücken.

Es ist furchtbar „egoistisch" und will immer nur dein Glück.

Und es weiß, dass dein Glück ansteckend ist und die Welt schöner macht.

Das ist die letzte und wichtigste Frage: Was würde mein wahres Selbst tun?

Deine Notizen

Das neue Wohlfühlbuch:
„Herr Frühling findet sein Herz"

Gabriele Liesenfelds neues Buch „Herr Frühling findet sein Herz" ist ein würdiger Nachfolger für „Pia und das Glück". In dieser Geschichte spielt die Autorin mit dem Gedanken, wie es wäre, wenn wir keinerlei Glaubenssätze hätten, keine eingefahrenen Muster, keine Programmierungen. Wie würden wir uns und die Welt wahrnehmen und wie würden wir auf sie reagieren?

„Eigentlich ist Herr Frühling zufrieden mit sich und seinem ordentlichen Leben. So lange jedenfalls, bis eines Tages seine ganze Welt auf den Kopf gestellt wird. Schuld daran ist ein vollkommen unglaubliches, einzigartiges und mysteriöses Geschehnis, das ihn von einem Tag auf den anderen zu einem „unbeschriebenen Blatt" macht. Mit diesem wundersamen Ereignis beginnt für Herrn Frühling eine Entdeckungsreise, auf der er nicht nur sein Herz findet, sondern auch eine unbändige Lebensfreude, die ihn erkennen lässt, was wirklich wichtig ist."

Das erste Gewitter

Die Frage ist, ob alles so bleiben soll wie es ist. Oder ob sich etwas verändern soll. Und wie sinnlos ist der Versuch, Veränderung zu verhindern?

Wie verändert sich das Leben eines Menschen? Passiert es langsam, unauffällig und so, dass wir uns darauf einstellen können? Oder kommt die Veränderung plötzlich, mit einem lauten Knall und reißt uns den Boden unter den Füßen weg? Wenn beides möglich ist, was ist besser?

Herr Frühling starrte in seine Kaffeetasse und beobachtete die kleine Fliege, die verzweifelt darin zappelte. Eindeutig eine Veränderung im Leben der Fliege. Mit spitzen Fingern griff er nach ihr, fischte sie aus dem Kaffee, legte sie auf seine Serviette, faltete diese sorgfältig zusammen und bereitete dem Dasein des unglücklichen Insekts auf diese Weise ein unrühmliches Ende. Dann biss er in seine knusprige Buttersemmel und dachte weiter darüber nach, wie schnell oder langsam Leben sich verändern können. Das alles tat er in der tiefen Überzeugung, dass sein eigenes Leben davon ausgenommen war. Nur flüchtig fragte er sich, weshalb er dann überhaupt über Veränderungen nachdachte. Sein Leben war einfach perfekt und es konnte und sollte so bleiben, wie es war. Schließlich hatte er es selbst zu seinem Wohlgefallen eingerichtet.

Herr Frühling war kein schlechter Mensch. Tatsächlich hielt er sich für einen guten und gerechten Menschen. Einen Menschen, der sich für die wichtigen Fragen der Zeit interessierte, seine Steuern zahlte und wusste, welche Rechte ihm zustanden. Sein Leben war geordnet und übersichtlich, seine Ansichten gemäßigt und seine Weste rein. Er fühlte sich als Repräsentant des guten Menschen schlechthin und es fiel ihm schwer zu verstehen, dass nicht alle seinem Beispiel folgen mochten.

Die Welt wäre ein besserer Ort, so dachte er oft, wenn es alle so halten würden wie er selbst. Er erfüllte seine Pflichten und hatte sich dadurch das Recht erworben, ein bequemes Leben zu führen. Alles war in Ordnung in seiner Welt. Warum also dachte er über Veränderungen nach? Ich bin vollkommen zufrieden, versicherte er sich selbst und beendete sein einsames Frühstück.

Nachdem Herr Frühling das Geschirr weggeräumt und die Butter zurück in den Kühlschrank gestellt hatte, strich er sich ordnend über sein noch immer volles, akkurat geschnittenes Haar und rückte seine Krawatte zurecht. Im Flurspiegel überprüfte er, ob sein dezent gestreiftes Hemd ordentlich in seiner dunkelgrauen Anzughose steckte und zog sein Jackett an. Er war mit sich zufrieden.

Wenig später sah Lena ihn mit seiner Aktentasche aus dem Haus treten. Sie blieb noch eine Weile am Fenster stehen und verfolgte die rundliche, kleine Gestalt ihres Nachbarn, bis er um die Ecke verschwunden war. Zehn Minuten vor acht also. Nach Herrn Frühling konnte man die Uhr stellen. Sie hatte noch genug Zeit, Tante Trude ihr Futter zu geben und ein wenig mit ihr zu plaudern, bevor sie zur Uni musste.

„Hallöle!" flötete Lena zärtlich und trat zu dem riesigen Käfig, der die halbe Küche einnahm und sie dazu gezwungen hatte, auf ihren Frühstückstisch zu verzichten. Seitdem saß sie im Schneidersitz auf einem pinkfarbenen Sitzkissen, wenn sie ihren Kaffee trank und beobachtete Tante Trude, die sich viel darauf einbildete, vom Washingtoner Artenschutzabkommen als gefährdete Vogelart eingestuft worden zu sein.

Die Beo-Dame flatterte wohlwollend mit den schwarzen Flügeln und antwortete prompt: „Hallöööle!" Dann neigte sie den Kopf zur Seite und blinkte Lena mit ihren schwarzen Augen streng an: „Trööödel nicht!"

Lena seufzte. Tante Trude klang genau wie Oma. „Trödel nicht, Lena!", hatte sie immer gerufen, wenn die mal wieder verträumt in die Luft gestarrt hatte, statt flott die Schuhe anzuziehen, um mit Oma einen Spaziergang zu machen. Vor drei Wochen war sie gestorben und niemand hatte sich bereit erklärt, Tante Trude bei sich aufzunehmen. Niemand, außer Lena. Sie hatte es nicht übers Herz gebracht, Omas liebste Freundin an eine Tierhandlung zu verkaufen und so war die Beo-Dame und vor allem ihre überdimensionale Voliere in der kleinen Mietwohnung am Stadtpark eingezogen. Lena wusste, dass Tante Trude nicht dafür geschaffen war, allein zu sein. Aber da sie sich nun mal keinen zweiten Vogel leisten konnte, versuchte sie, so viel Zeit wie möglich mit Tante Trude zu verbringen. Oma war meist zuhause gewesen, aber Lena war viel unterwegs und deswegen hatte sie permanent ein schlechtes Gewissen. Sie schälte eine Banane und reichte Tante Trude kleine Stückchen davon durch die Käfigöffnung.

„Trööödel nicht!", sagte Tante Trude nach jedem Bissen und Lena beeilte sich, der Aufforderung nachzukommen.

„Es wird Zeit, dass du ein paar vernünftige Worte von mir lernst. Wie wäre es mit „Lena, I love you?", schlug Lena hoffnungsvoll vor.

„Trööödel nicht!"

Lena reichte Tante Trude das letzte Stückchen Banane und dachte, dass alles seine Zeit braucht. Auch eine Liebeserklärung.

Unterdessen hatte Herr Frühling sein Büro erreicht. Wie jeden Tag stellte er die Aktentasche unter seinen Schreibtisch, der in der Redaktion einer Zeitschrift für Finanz- und Steuerrecht stand und die sich wenig originell „Zeitschrift für Finanz- und Steuerrecht" nannte. Er schaltete den Computer ein, hängte sorgfältig sein Jackett auf und begann, an dem Artikel weiterzuarbeiten, den er am Tag zuvor begonnen hatte. Er wusste, wie lange er brauchen würde, den Artikel fertigzustellen. Er wusste, wie viele Absätze er noch schreiben musste. Und er hatte nicht den geringsten Zweifel daran, dass seine Ausführungen den Chefredakteur zufriedenstellen würden.

Er betrachtete seine Anstellung als notwendige Grundlage seines Einkommens, die er zu erfüllen gewillt war. Sein Traum jedoch war ein anderer. Seit Jahren verbrachte er seine Freizeit damit, an einem Buch zu schreiben, von dem er wusste, dass es zu einem Meilenstein in der Geschichte des Steuerrechts werden würde. Sein Werk „Zweckmäßigkeitsüberlegungen und historische Konstanten und Grundpfeiler im Steuerrecht" würde Tausenden Studenten die Augen öffnen und ihm zu Ruhm und Ehren in Universitätskreisen verhelfen.

Davon also träumte Herr Frühling, der ansonsten klaglos die Tatsache hinnahm, dass er bislang wenig Anerkennung erfahren hatte. Er war sich gewiss, dass wahrer Ruhm von wahrer Leistung herrührte und er war bereit, diese Leistung zu erbringen und geduldig auf den Ruhm zu warten, der ihm sicher war.

Missbilligend blickte er von seinem Bildschirm hoch und auf die Uhr, als seine beiden Kollegen das Büro betraten. 20 Minuten zu spät und ganz offenbar hatten Weber und Horvath diese 20 Minuten mit Privatgesprächen verbracht, denn sie lachten und schlugen sich gegenseitig auf die Schultern.

Herr Frühling fühlte sich über solche Frivolitäten erhaben. Seine sozialen Kontakte beschränkte er ganz bewusst auf den Herrenabend, zu dem er sich an jedem zweiten Samstag im Monat aufmachte und der in dem ehrwürdigen Gasthof „Zum fröhlichen Juristen" stattfand.

Er genoss sowohl das Glas Wein, das er sich gönnte – immer ein Blauburgunder – als auch die Fachgespräche, die er mit seinen ehemaligen Kommilitonen von der juristischen Fakultät führte.

Wie erwartet wurde der Artikel rechtzeitig fertig, der Chefredakteur war zufrieden und Herr Frühling schaltete den Computer aus, zog sein Jackett an und verließ mit seiner Aktentasche pünktlich das Büro.

Auch Lena begab sich auf den Heimweg. Es war nicht viel zu tun gewesen in der Uni. Ihr Professor am philosophischen Institut, für den sie als „Organisationsassistentin" arbeitete, hatte sich mal wieder nicht organisieren lassen, da er gar nicht erst aufgetaucht war. So hatte Lena einige angenehme Stunden beim Plaudern mit einem süßen Studenten der Kunstgeschichte verbracht, ein Nickerchen in der Bibliothek gemacht und ein Eis in der Sonne gegessen.

Jetzt allerdings sah es aus, als würde es gleich ein Gewitter geben. Misstrauisch schielte Lena nach oben, wo sich dunkle Wolken zusammenbrauten, und nach unten auf ihre neuen Sandalen, die eindeutig nicht für Regenwetter konstruiert waren. Kurze Zeit später donnerte und blitzte es und die ersten dicken Tropfen fielen. Lena hätte sich natürlich in eine Kneipe oder eine Boutique flüchten können, um den Guss abzuwarten. Aber zuhause wartete Tante Trude, die ohnehin schon viel zu lange alleine geblieben war. Kurzentschlossen zog Lena die Sandalen aus, stopfte sie in ihre Umhängetasche und lief barfuß weiter. Schließlich sind wir nicht aus Zucker, hatte Oma immer gesagt, wenn sie im Regen spazieren gegangen waren. Lena schickte ihr in Gedanken ein Küsschen. Es tat immer noch weh, an sie zu denken.

Auch Herr Frühling war vom Gewitter überrascht worden. Obwohl ein Mann seines Kalibers sich natürlich nicht wirklich überraschen ließ. Er hatte den Wetterbericht gelesen und war sich der möglichen Gefahr durchaus bewusst gewesen, weshalb er vorsorglich seinen automatischen Taschenschirm in die Aktentasche gesteckt hatte.

Den ließ er jetzt mit großem Geschick aufklappen und dann marschierte er festen Schrittes in Richtung Heimat, unbeeindruckt von den Naturgewalten.

Das Mietshaus am Stadtpark, in dem sowohl Lena als auch Herr Frühling lebten – ohne je ein Wort miteinander gewechselt zu haben – winkte mit seiner gelben Fassade wie ein freundlicher Sonnenstrahl inmitten des strömenden Regens. Es winkte Lena zu, die erleichtert die Haustür aufriss und mit Höchstgeschwindigkeit in den zweiten Stock hinauflief und es winkte genauso freundlich Herrn Frühling zu, der kurz danach ankam, seinen Regenschirm ausschüttelte und ihn aufgespannt durch die Haustür bugsierte. Regenschirme müssen trocknen und Herr Frühling hatte die feste Absicht, genau dafür zu sorgen.

Beinahe wäre er über Lena gestolpert, als er den zweiten Treppenabsatz erreichte, weil der aufgespannte Schirm ihm die Sicht versperrte. Lena kniete vor der Tür und flötete durch den Briefschlitz: „Tante Trude, es dauert nicht mehr lange! Sobald ich das verdammte Schloss aufkriege, bekommst du ein feines Körnerbreichen, ein paar Mangostückchen und zwei Heimchen!"

Herr Frühling starrte auf die junge Frau zu seinen Füßen, an der er vor allem die pinkfarbene Pluderhose, den grünen Lockenkopf und die verdreckten Fußsohlen bemerkte. Nichts davon erregte sein Wohlgefallen. Zudem missfiel es ihm, wie diese junge Person mit ihrer Tante sprach. Dennoch gebot ihm seine tadellose Erziehung, Hilfe anzubieten.

„Kann ich Ihnen irgendwie behilflich sein?", fragte er also mit erhobener Stimme, um das „Hallöööle" zu übertönen, das Lena eben durch den Briefschlitz schickte.

Von drinnen erklang laut und deutlich eine Stimme: „Tröööödel nicht!"

„Tante Trude, ich trödel nicht, ich hab mich total beeilt!" Dann stand Lena auf und wandte sich Herrn Frühling zu. „Ich habe nämlich meinen Schlüssel vergessen. Und jetzt warte ich auf einen Freund, der Türen gut aufkriegt. Ich habe ihn schon angerufen, aber er braucht noch eine Weile. Er muss erst ein Auto auftreiben."

Herr Frühling hatte keine gute Meinung von jungen Männern, die Türen „gut aufkriegten" und Autos auftrieben. Er räusperte sich. „Darf ich fragen, weshalb Sie keine Schuhe tragen?" Er hatte sich dazu durchgerungen, seine Nachbarin zu einem wärmenden Tee einzuladen, wobei es ihm widerstrebte, ihre schmutzigen Füße in Kontakt mit seinen blitzblanken Fliesen kommen zu lassen.

„Weil ich meine Sandalen schonen wollte. Ich glaube nicht, dass sie den Regenguss überlebt hätten." Lena holte ihre schicken Sandaletten aus der nassen Umhängetasche und betrachtete sie liebevoll. „Lieber nasse Füße als verdorbene Sandalen", lachte sie. „Kann ich Ihnen nur empfehlen. Hätte Ihren Schuhen auch gut getan." Sie deutete auf Herrn Frühlings elegante Slipper, die tatsächlich nasse Fußspuren im Hausflur hinterlassen hatten.

Wohlgefällig blickte Herr Frühling auf sein feuchtes Schuhwerk herab. Er war insgeheim stolz auf seine schmalen Füße in den eleganten Schuhen. Niemals hätte er außerdem seine nackten Füße den schmutzigen Straßen und den Blicken der Öffentlichkeit ausgesetzt. Füße, so fand er, seien eine höchst private Angelegenheit. Er räusperte sich noch einmal. „Angesichts der Umstände ... darf ich Sie zu einer Tasse Tee einladen, während Sie auf Ihren Freund warten? Und darf ich fragen, weshalb Ihre Tante sie nicht einlässt? Ist sie bettlägerig?"

Lena blinzelte verwirrt. „Meine Tante?" Dann begriff sie. „Ach Sie meinen Tante Trude! Das ist keine Tante, sondern ein Vogel. Ein Beo. Und sie ist nicht gern allein." Dann lächelte sie Herrn Frühling zu und dem war, als würde sein Herz einen kleinen Sprung machen. Diese junge Person hatte wahrhaftig ein einnehmendes Lächeln, dachte er. Schade, dass ihre Haare so grün und ihre Füße so schmutzig waren. Dann erinnerte er sich seiner Manieren. „Darf ich mich vorstellen? Frühling mein Name."

„Wie hübsch! So einen Namen hätte ich auch gern. Ich heiße Lena Müller. Ist das nicht lächerlich? Banaler kann es wohl nicht mehr werden. Jedenfalls wäre ein heißer Tee jetzt genau das Richtige."

Und so lernte Lena Herrn Frühling kennen und Herr Frühling lernte Lena kennen. Beide ahnten nicht, dass ihre Leben sich auf den Kopf stellen würden, aber später machten sie das Gewitter dafür verantwortlich. Das Gewitter und eine Art höhere Macht, die dafür gesorgt haben musste, dass sie beide gleichzeitig nach Hause kamen.

Eine bemerkenswerte Teestunde
Es ist kaum möglich, einander zu verstehen, wenn man von verschiedenen Planeten kommt. Aber man kann sich immerhin auf Neugierde und Höflichkeit zurückziehen, um eine Eskalation zu verhindern.

Lena war in ihre Sandalen geschlüpft und wartete geduldig, bis Herr Frühling den Schirm zum Abtropfen aufgestellt und den Schlüssel aus der Aktentasche gekramt hatte. Tante Trude hatte sich mittlerweile offenbar zu beleidigtem Schweigen entschlossen, denn aus der Wohnung kamen keinen Mahnungen zur Eile mehr. Nachdem Herr Frühling sorgfältig seine Schuhe abgestreift hatte, öffnete er die Tür und Lena betrat den saubersten Flur, den sie je gesehen hatte. Er war nicht nur sauber, er war auch überwältigend ordentlich. Der Flur führte in ein Wohnzimmer, das dem Flur in nichts nachstand. Auch hier schien niemand sich jemals aufzuhalten. Der Couchtisch war leer und blitzblank, das Sofa krümelfrei und der Teppich sah aus, als wäre er gerade erst verlegt worden. Lena kümmerte das nicht. Jedem Tierchen sein Pläsierchen, hatte Oma immer gesagt und wenn Herr Frühling ein Ordnungsfanatiker war, dann wollte sie ihm den Spaß nicht verderben. Ihr Gastgeber war unterdessen in die Küche geeilt, um den versprochenen Tee aufzusetzen. Natürlich nicht, ohne Lena einen Platz auf dem Sofa anzubieten.

„Ist es nicht lustig, dass wir heute zum ersten Mal miteinander reden?", rief Lena ihm hinterher. Herr Frühling erschien in der Küchentür. „Weshalb sollte das lustig sein?", fragte er mit gerunzelter Stirn.

„Na ja, wir sind schon seit über zwei Jahren Nachbarn und heute sind wir uns zum ersten Mal begegnet."

Herr Frühling schien verwirrt zu sein. „Seit über zwei Jahren? Ja, das ist wirklich seltsam. Ich hatte vermutet, Sie wären gerade erst eingezogen."

„Sie haben mich noch nie zuvor gesehen?" Lena richtete ihre großen blauen Augen überrascht auf den kleinen Mann, der sich jetzt wieder in die Küche zurückzog. „Ich bin doch nicht gerade unauffällig!"

„In der Tat." Herr Frühling ging mit einem Tablett in der Hand zum Couchtisch. „So kann man also nebeneinander her leben, ohne es zu bemerken."

„Oh, ich habe Sie sehr wohl bemerkt. Ich weiß genau, wann Sie das Haus verlassen und wann Sie wiederkommen. Ich weiß, welche Zeitungen sie abonniert haben und ich weiß, dass Sie alleine leben, kein Haustier haben und nie Besuch bekommen. Ich weiß also eine Menge über Sie." Lena lächelte ihr bezauberndes Lächeln und griff nach der Tasse, die Herr Frühling ihr reichte.

Herr Frühling beschloss, sich zu räuspern, denn es hatte ihm die Sprache verschlagen. Es fühlte sich seltsam an, dass da jemand so genau über ihn Bescheid wusste, den er noch nie zuvor gesehen hatte. Nicht, dass er an sich selbst zweifelte, aber für einen Augenblick musst er doch darüber nachdenken, ob er seiner Umgebung die angemessene Aufmerksamkeit schenkte.

„Ich bin ein sehr beschäftigter Mann", sagte er dann und beobachtete nervös, wie Lena die Sandalen abstreifte und es sich im Schneidersitz auf dem Sofa gemütlich machte. Herr Frühling schätzte es nicht, schmutzige Fußabdrücke auf seinen Sitzkissen zu finden, war aber zu höflich, um Lena zu bitten, ihre nackten Füße von seiner Couch zu entfernen. Stattdessen zwang er sich zu der Frage: „Würden Sie mir erzählen, welcher Beschäftigung Sie selbst nachgehen?"

Lena hatte Herrn Frühlings entsetzen Blick durchaus bemerkt, beschloss aber, ihn abzuhärten. Über nackte Füße auf Sofas sollte sich niemand aufregen, fand sie. „Ich habe einen Job an der Uni, am Institut für Philosophie", antwortete sie bereitwillig. „Nichts Aufregendes, aber mir macht es Spaß und es zahlt die Miete. Außerdem habe ich dadurch genug Zeit, mich um Tante Trude zu kümmern. Sie hat meiner Oma gehört und ich habe sie adoptiert, als Oma ... naja, vor ein paar Wochen ist sie ... also gestorben."

Herr Frühling spürte einen Anflug von Panik, als er sah, dass Tränen in Lenas Augen gestiegen waren. Er hatte nichts übrig für Gefühlsausbrüche. Dennoch fühlte er sich verpflichtet, seine Anteilnahme auszudrücken. „Mein Beileid.

Sie haben Ihre Großmutter wohl sehr lieb gehabt?"

Überrascht blickte Lena auf. „Ja natürlich hab ich sie sehr lieb ... gehabt. Also eigentlich habe ich sie ja immer noch sehr lieb, auch wenn sie nicht mehr da ist. Liebe hört ja nicht einfach auf, nur weil jemand stirbt, oder?"

Herr Frühling strich sich verwirrt über die Krawatte. Er war es nicht gewohnt, Fragen über die Liebe zu beantworten. Seine Eltern und Großeltern waren nicht mehr am Leben und er hatte niemals darüber nachgedacht, ob er sie noch liebte. Darüber hatte er sich nicht einmal Gedanken gemacht, als sie noch am Leben gewesen waren, soweit er sich erinnern konnte.

„Es fällt einem sehr viel leichter, sich selbst zu lieben, wenn ein anderer einen lieb hat. Darum soll man so viele Menschen wie möglich lieben, damit man sich selbst gut lieben kann", fuhr Lena fort. „Das hat meine Oma immer gesagt und ich denke, das ist eine gute Idee. Finden Sie nicht?"

Herr Frühling wurde immer fassungsloser. In welch eine seltsame Konversation war er da nur hinein geraten? „Ich weiß nicht, ob ich Ihnen da zustimmen oder widersprechen kann." Er nahm ein blütenweißes Taschentuch aus seiner Hosentasche und betupfte sich die Stirn. „Die Liebe ist nicht unbedingt mein Spezialgebiet. Ich bin Experte für Steuerfragen."

Lena kicherte. „Da kenne ich mich gar nicht aus." Sie überlegte. „Aber das ist doch praktisch! Wenn ich mal eine Steuerfrage haben sollte, dann werde ich Sie fragen. Und wenn Sie was über die Liebe wissen möchten, dann fragen Sie mich."

Herr Frühling fühlte sich unbehaglich. Er konnte sich nicht erinnern, jemals ein solches Gespräch geführt zu haben und verzweifelt dachte er darüber nach, wie er der Unterhaltung eine andere Richtung geben könnte. „Wie sehen denn Ihre beruflichen Pläne für die Zukunft aus? Haben Sie ein Ziel, auf das Sie hinarbeiten?"

Lena stand auf und wanderte im Wohnzimmer herum. Sie blieb vor einem Bücherregal stehen und bemerkte, dass die Bücher der Größe nach geordnet waren. Auf beiden Seiten des Regals standen kleine Tischchen und darauf jeweils identische Vasen.

„Sie mögen es ordentlich. Ich mag es eher unordentlich. Und um Ihre Frage zu beantworten: ich habe keine beruflichen Pläne oder Ziele. Ich konzentriere mich mehr darauf, mein Leben zu genießen." Lena drehte sich um und schenkte Herrn Frühling eines ihrer unwiderstehlichen Lächeln, bei dem ihm die missbilligende Bemerkung, die er eben hatte machen wollen, im Halse stecken blieb. Stattdessen trank er noch einen Schluck Tee und fragte Lena, ob sie noch eine Tasse haben wollte. Er war sehr erleichtert, als sie dies bejahte, denn das verschaffte ihm die Gelegenheit das Zimmer zu verlassen und sich zu beruhigen. Er wünschte sich nichts sehnlicher als dass Lenas ominöser Freund endlich auftauchen würde, damit er seine Wohnung wieder für sich hätte. Eigentlich sollte er schon längst an seinem Buch sitzen, um die obligatorischen drei Seiten zu schreiben, bevor er sich das Abendessen zubereitete. Herr Frühling mochte es nicht, wenn seine Routine gestört wurde. Vor allem, wenn dadurch seine Nerven gereizt wurden und die waren ganz eindeutig gereizt durch das Geplapper dieser Person, dem er nicht das Geringste abzugewinnen vermochte.

Als er zurück ins Wohnzimmer kam, hatte Lena ein Buch aus dem Regal gezogen und blätterte darin. „Sie interessieren sich für Botanik? Ich liebe Pflanzen auch", sprach sie weiter, ohne eine Antwort abzuwarten. „Vor allem Bäume. Ist das nicht super, dass wir direkt beim Stadtpark wohnen? Welches ist Ihr Lieblingsbaum dort?"

Diese Person konnte einfach kein vernünftiges Gespräch führen. Davon war Herr Frühling jetzt restlos überzeugt. Welche Albernheiten ihr wohl noch einfallen würden? Er zwang sich zu einer höflichen Antwort. „Ich habe keinen Lieblingsbaum dort, weil ich mich erstens dort nicht aufhalte und zweitens keine Ahnung habe, welche Bäume dort stehen."

„Also, das ist eine echte Schande!", rief Lena empört. „Aber keine Angst, wir gehen zusammen hin und ich stelle Ihnen meine Bäume vor. Ist das nicht schön, dass Sie mich kennengelernt haben?"

Herrn Frühling hatte es erneut die Sprache verschlagen und es blieb ihm nichts anderes übrig, als Lena ihre Tasse zu reichen und sich erneut zu fragen, wie es möglich war, dass ihm die Kontrolle über dieses Gespräch so gänzlich entgleiten konnte.

„Ich finde es schön, dass wir jetzt Freunde sind. Schließlich wohnen wir einander gegenüber und da ist es doch super, wenn wir uns gut verstehen und einander aushelfen können, wenn es nötig ist." Lena nippte an ihrer Tasse. „Wissen Sie, dass die wichtigste Voraussetzung für ein glückliches Leben menschliche Beziehungen sind? Das habe ich neulich gelesen. Obwohl ich Tiere und Pflanzen nicht ausschließen würde. Schließlich kann man auch wunderbare Beziehungen zu Beos und Bäumen haben." Lena nickte Herrn Frühling bedeutungsvoll zu. „Ich habe das Gefühl, dass Ihnen ein paar Beziehungen gut tun würden."

Herr Frühling betrachtete zweifelnd die Glückskastanie im Topf, die er sich gekauft hatte, weil sie als pflegeleicht galt und weil es sich gehörte, eine Topfpflanze im Wohnzimmer zu haben. Ebenso zweifelnd betrachtete er Lenas grünen Lockenschopf. Weder zum Topf noch zum Schopf fühlte er sich hingezogen. Nervös schaute er auf seine Armbanduhr. „Glauben Sie, dass Ihr Freund bald ein Auto aufgetrieben haben wird?"

„Bestimmt", nickte Lena zuversichtlich. Tatsächlich klingelte kurz darauf ihr Handy und Lena verabschiedete sich, um den Freund in ihre Wohnung „einbrechen" zu lassen. „Kommen Sie doch mal vorbei und lernen Tante Trude kennen. Sie ist wirklich sehr süß. Ansonsten danke für den Tee und ich melde mich wegen unserer Verabredung im Park!" Mit dieser Drohung huschte sie aus der Tür, die Herr Frühling aufatmend hinter ihr schloss. Ein weiterer Blick auf die Uhr verriet ihm, dass es höchste Zeit war, sich an den Schreibtisch zu setzen und sein tägliches Pensum zu erledigen. Zudem würde die Beschäftigung mit den „Zweckmäßigkeitsüberlegungen und historischen Konstanten und Grundpfeilern im Steuerrecht" ihn wieder auf den Boden der Tatsachen zurückholen, von dem Lena ihn ein unliebsames Stück entfernt hatte. Kopfschüttelnd setzte er sich und begann zu schreiben. Doch irgendwie wollte es ihm heute nicht gelingen, in seinen üblichen Fluss zu kommen. Obgleich er sein selbstgewähltes Thema faszinierend fand, trieben seine Gedanken immer wieder davon. Mitten in einem Satz über notwendige Grundpfeiler oder historische Konstanten fand er sich plötzlich von grünen Locken, Baumbekanntschaften und großmütterlichen Beos umzingelt. Hilfesuchend blickte er auf die perfekte Symmetrie seiner Bildergalerie an der Wand, die all seine gerahmten Diplome umfasste, sowie die Titelseiten der von ihm veröffentlichten Artikel in diversen Fachzeitschriften. Der vertraute Anblick linderte seine Unruhe und beruhigte seine Gedanken. Verbannt waren Lockenschöpfe und Pflanzentöpfe und der Fluss seines Schreibens stellte sich in gewohnter Gleichförmigkeit ein.

Unterdessen hatte Lenas Freund Henrik die versperrte Tür geöffnet und saß jetzt neben ihr auf dem Küchenboden. Beide hatten ein Glas Wein in der Hand und beobachteten Tante Trude, die zufrieden ihr Obst knabberte.

„Ich glaube, im Grunde seines Herzens ist er ein netter Kerl", sagte Lena gerade. „Sonst hätte er mich ja wohl nicht in seine Wohnung eingeladen und mir Tee gekocht."

„Sei bloß vorsichtig", antwortete Henrik gelangweilt. „Stille Wasser und so. Am Ende ist er Kinderschänder oder Bankräuber oder so. Ich sag bloß so."

Lena lachte. „Herr Frühling doch nicht! Der ist nur ein bisschen einsam, deswegen ist er so komisch geworden. Ich werde ihm schon auf die Sprünge helfen und ihn ein bisschen aufmöbeln."

„Einfach so? Oder warum machst du dir den Stress? Du hast doch schon genug um die Ohren mit der Uni und deinem Vogel und so."

„Ich habe jede Menge Zeit, wenn ich das will", grinste Lena. „Ich finde einfach, jeder Mensch braucht Freunde und ein kleines Stimmchen flüstert mir, dass Herr Frühling keinen einzigen Freund auf der Welt hat und dass er total unglücklich ist. Er weiß es nur noch nicht."

„Na, du wirst ihm das ja dann schon erklären. Also, dass er unglücklich ist und so. Ob das was Gutes ist, das weiß ich allerdings nicht so."

„Du hast einfach keine Fantasie. Aber immerhin. Türen kannst du gut aufmachen."

An diesem Abend dauerte es eine Weile, bis Herr Frühling einschlafen konnte. Unruhig wälzte er sich in seinem Bett hin und her. Obwohl er diese seltsame Person, die sich als seine Nachbarin herausgestellt hatte, nicht ernst nehmen konnte, hatte sie doch etwas in ihm aufgewühlt, das sich unvertraut und tatsächlich unangenehm anfühlte. Es war etwas, was sie gesagt hatte. Etwas, das in ihm den Eindruck erweckt hatte, als würde ihm etwas fehlen, das notwendig war. Es musste diese Sache mit der Liebe gewesen sein. Wie gesagt, Herr Frühling hielt sich in gewisser Hinsicht für vollkommen. Er war sich sicher, dass er ein Mensch war, der sich bemühte, alles richtig zu machen. Sein Moralkodex war ohne Fehl und Tadel, sein Sinn für Gerechtigkeit ausgeprägt und sein Verhalten über jeden Zweifel erhaben. Liebe hatte er noch nie in Betracht gezogen. Vielleicht würde ein Glas Wasser helfen.

Wie es weiter geht mit Herrn Frühling und seiner Entdeckungsreise zu dem, was wirklich zählt:

Ich schreibe für Erwachsene und für Kinder und egal, wie alt meine Leser sind, ich wünsche mir, dass sie das Leben als ein Abenteuer sehen, das mit leichtem Herzen erlebt werden kann.

Egal was geschieht, wenn wir keinem Erlebnis und keiner Situation eine düstere Bedeutung geben, sondern alles als Mosaikstein auf der Brücke der Ereignisse sehen, die uns an unser gewünschtes Ziel führt, dann wird unser Leben ein Spiel.

Jedes meiner Bücher – ob für Erwachsene oder für Kinder - ist von dieser Intention erfüllt und wenn mir jemand erzählt, dass eines dieser Bücher ihr oder ihm ein wenig geholfen haben, dann freue ich mich sehr. Denn genau das wünsche ich mir.

Und das vermittle ich auch in meinen Kursen und Einzelgesprächen für angehende Autoren. Damit es noch mehr schöne Bücher auf der Welt gibt!

Einige davon findest du bei mir – so hoffe ich!

Meine Bücher für große und kleine Leute entdeckst du alle hier:

Impressum

Deutschsprachige Erstausgabe Oktober 2023

© 2023 Gabriele Liesenfeld

Alle Rechte vorbehalten.

Nachdruck, auch auszugsweise, nicht gestattet.
Das Werk, einschließlich seiner Teile ist urheberrechtlich geschützt. Jede Verwertung ist ohne Zustimmung des Verlages und des Autors unzulässig. Dies gilt insbesondere für die elektronische oder sonstige Vervielfältigung, Übersetzung, Verbreitung und öffentliche Zugänglichmachung.

Gabriele Liesenfeld

Layout & Lektorat: **Heidi Hofmann** heidi253.hofmann@gmail.com

Herstellung und Verlag: 1. Auflage **Wundermeer Verlag**

wundermeerverlag@gmail.com

Taschenbuch ISBN: 978-3-9519718-9-6

Bookmundo-ISBN: 978-3-9505479-4-8

Urheberrecht

Alle Inhalte dieses Werkes sind urheberrechtlich geschützt. Alle Rechte sind vorbehalten. Jeglicher Nachdruck oder jegliche Reproduktion – auch nur auszugsweise – in irgendeiner Form wie Fotokopie oder ähnliche Verfahren, Einspeicherung, Verarbeitung, Vervielfältigung und Verbreitung mit Hilfe von elektronischen Systemen jeglicher Art (gesamt oder nur auszugsweise) ist ohne ausdrückliche schriftliche Genehmigung des Autors strengstens untersagt. Alle Übersetzungsrechte vorbehalten. Die Inhalte dürfen keinesfalls veröffentlicht werden. Bei Missachtung behält sich der Autor rechtliche Schritte vor.

Haftungsausschluss

Der Inhalt dieses Buches wurde mit großer Sorgfalt geprüft und erstellt. Für sämtliche Inhalte kann jedoch keine Garantie übernommen werden. Dies gilt weder für die Richtigkeit, Vollständigkeit, noch Aktualität der Inhalte. Alle enthaltenen Informationen basieren lediglich auf der eigenen Meinung und persönlichen Erfahrung des Autors. Der Inhalt darf keinesfalls als medizinische Hilfe gesehen werden. Für selbstverursachte Schäden und Fehlhandlungen des Lesers wird daher keine juristische Haftung seitens des Autors übernommen. Zudem garantiert der Autor keinerlei Erfolge mit dem im Buch erwähnten Informationen, da diese wie oben genannt, nur auf der persönlichen Erfahrung des Autors basieren und lediglich als Unterhaltung dienen sollen. Die Verantwortung für die im Buch beschriebenen Ziele liegt einzig und allein beim Leser selbst. Gleichzeitig wird keine Haftung für die im Buch angegebenen Quellen übernommen. Für deren Inhalte ist einzig und allein der jeweilige Autor verantwortlich, weshalb der Autor automatisch von einer Haftung ausgeschlossen ist.